厚德博学
經濟匡時

2024 中国宏观经济形势分析与预测年中报告

新质生产力
引领经济高质量发展

"中国宏观经济形势分析与预测"课题组　　著
上海财经大学经济学院

上海财经大学出版社
SHANGHAI UNIVERSITY OF FINANCE & ECONOMICS PRESS

图书在版编目（CIP）数据

2024 中国宏观经济形势分析与预测年中报告：新质生产力引领经济高质量发展 / "中国宏观经济形势分析与预测"课题组，上海财经大学经济学院著. -- 上海：上海财经大学出版社，2025. 5. -- ISBN 978-7-5642-4689-1

Ⅰ.F123.24

中国国家版本馆 CIP 数据核字第 2025WR2160 号

□ 责任编辑　胡　芸
□ 封面设计　张克瑶

2024 中国宏观经济形势分析与预测年中报告

新质生产力引领经济高质量发展

"中国宏观经济形势分析与预测"课题组
上海财经大学经济学院　　著

————————————————————

上海财经大学出版社出版发行
（上海市中山北一路 369 号　邮编 200083）
网　　址：http://www.sufep.com
电子邮箱：webmaster@sufep.com
全国新华书店经销
上海华业装潢印刷厂有限公司印刷装订
2025 年 5 月第 1 版　2025 年 5 月第 1 次印刷

————————————————————

710mm×1000mm　1/16　8.25 印张(插页：1)　127 千字
定价：50.00 元

《2024 中国宏观经济形势分析与预测年中报告》执笔人

（按姓氏笔画排序）：

宁　磊　上海财经大学经济学院副教授

朱　梅　上海财经大学经济学院教授

李双建　上海财经大学经济学院副教授

张婧屹　上海财经大学经济学院常任副教授

赵　琳　上海财经大学经济学院副教授

上海财经大学中国宏观经济研究团队

（按姓氏笔画排序）：

寸无旷　上海财经大学金融学院副教授

王玉琴　上海财经大学经济学院副教授

方明浩　上海财经大学金融学院讲师

宁　磊　上海财经大学经济学院副教授

朱林可　上海财经大学商学院讲席副教授

朱　梅　上海财经大学经济学院教授

许陈杰　上海财经大学金融学院助理教授

孙　琪　上海财经大学金融学院副教授

苏东灵　上海财经大学商学院助理教授

李双建　上海财经大学经济学院副教授

李　哲　上海财经大学经济学院常任副教授

李　潋　上海财经大学商学院副教授

杨有智　上海财经大学经济学院常任教授

杨　诶　上海财经大学金融学院常任副教授

吴化斌　上海财经大学经济学院副教授

张同斌　上海财经大学经济学院讲师

张牧扬　上海财经大学中国公共财政研究院常任副教授

张婧屹　上海财经大学经济学院常任副教授

张蒙博　上海财经大学金融学院助理教授

陈媛媛　上海财经大学经济学院讲席教授

林立国　上海财经大学经济学院常任教授

欧声亮　上海财经大学经济学院副教授
罗大庆　上海财经大学经济学院副教授
赵　琳　上海财经大学经济学院副教授
聂光宇　上海财经大学商学院常任教授
徐龙炳　上海财经大学金融学院教授
郭长林　上海财经大学公共经济与管理学院副教授
曹林谊　上海财经大学经济学院副教授
龚　关　上海财经大学经济学院常任教授
蒋荷露　上海财经大学经济学院副教授
靳玉英　上海财经大学商学院讲席教授
鲍晓华　上海财经大学商学院讲席教授
蔡　洁　上海财经大学经济学院常任副教授

目　录

第一章

2024 年中国宏观经济形势分析

一、经济总体复苏，2024 年 1—5 月经济指标基本符合预期

2024 年第一季度实际 GDP 同比增长 5.3％。经季节因素调整后，本年第一季度实际 GDP 环比增长 1.6％，环比增速较上一季度增长 0.4％，总体增长态势较好，全年增长 5％左右的目标基本可以实现。在党中央的坚强领导下，各地区各部门增强做好经济工作的信心和底气，深入贯彻落实中央经济工作会议精神和党中央决策部署，着力打好宏观经济政策组合拳，推动我国经济回升向好态势持续巩固增强。

2024 年第一季度第一产业增加值同比增速 3.3％，低于上年平均增速水平，主要原因是第一季度猪肉产量下降 0.4％。但总体而言，第一季度春耕春播有序推进，农作物长势较好，猪牛羊禽肉总体产量有所增长。第二产业增加值在第一季度实际同比增速 6.0％，增速较上年第四季度提高 0.5％，超过疫情前 2019 年增速水平，为 2022 年以来最高水平。目前，我国高技术制造业增长加快，对第二产业增长起到拉动作用。第三产业增加值在第一季度实际同比增速 5.0％，增速水平介于第一产业和第二产业之间，高于 2022—2023 年两年 4.0％左右的平均水平，但低于

1

2019 年 7％以上的同比增速。总体而言,第三产业增速态势较好,在新动能支撑下,有良好的增长空间。

二、供给侧活力得到释放,全球供应链压力增加

(一)服务业全面恢复增长

在上年服务业高基数增长的基础上,2024 年服务业继续稳定增长,生产稳中有升,尤其是高技术服务业。

从行业层面来看,2024 年第一季度,服务业中"信息传输、软件和信息技术服务业""租赁和商务服务业"的增速最为明显,均达到了两位数增速水平,分别为 13.7％和 10.8％,体现了我国现代服务业正呈现较快增长的态势。交通运输、仓储和邮政业 2024 年 1—5 月增速为 7.1％,高于 2023 年同期增速水平。此外,批发和零售业增速 6％,基本稳定在 2023 年全年平均增速水平,住宿和餐饮业同比增速 7.3％,较 2023 年全年两位数平均增速有所下降。金融业第一季度同比增速 5.2％,较 2023 年水平有所放缓,预计货币金融服务、资本市场服务活力将进一步提升。

2024 年 1—5 月,服务业生产指数累计增速 5.0％,相较 2023 年末增速有所回落,但开年以来增速水平基本保持稳定。从两年平均增速来看,1—5 月服务业生产指数两年平均累计增速 6.4％,已经接近疫情前 7％左右的增速,但仍有较大的增速空间。

(二)工业稳中有升、建筑业平稳运行

2024 年第一季度工业增加值同比增速 6.0％,实现连续三个季度增速持续上升。受出口好转、一系列政策推动、需求提升等有利因素影响,第一季度工业表现尚佳。同时,建筑业增加值同比增速 5.8％,虽然较 2023 年总体水平有所回落,但仍接近 6％,能够有效带动产业链上下游发展。规模以上工业企业效益持续恢复,但国内有效需求仍然不足,内生动力有待加强,工业企业效益恢复基础仍不牢固。

(三)房地产业持续下滑,处于结构转型阵痛期

2024 年 1—5 月,商品房销售额 35 665 亿元,累计同比下降 27.9％。

截至5月,我国商品房待售面积达74 256万平方米,同比增长15.8%。分项来看,住宅待售面积38 712万平方米,同比增长24.6%,虽然较年初的40 500万平方米有所降低,但高于2023年31 000万平方米左右的均值,与2016年2月的最高值46 635万平方米相差不多。办公楼的待售面积为5 214万平方米,虽然比4月新高5 217万平方米有所下降,但已经远超历年。

2024年房地产业增加值降幅较上年第二至第四季度有所增加,主要原因有两点:第一,受特殊情况影响,2023年3月房地产销售迎来"小阳春",导致同比基数较大;第二,支持房地产稳定发展政策措施效果持续显现:2023年中央金融工作会议后,中央及各个地方加快了保障性住房建设、"平急两用"公共基础设施建设以及城中村改造"三大工程"推进力度,积极构建房地产新发展模式。随着人们生活水平的提高和城镇化的深入推进,中国房地产市场改善性需求、刚需仍有较大空间。中国房地产市场仍然具有持续健康发展的支撑条件,需理性看待房地产这一轮的调整。

(四)国际原油价格小幅波动,食品价格持续回落

2024年上半年,市场对于地缘冲突开始逐步脱敏,在经历了俄乌、以伊之间冲突的加剧又缓和后,原油价格呈现先上升后下降的趋势。受原油供需平衡差异持续为负的影响,国际原油价格保持在80美元/桶附近波动。由此从原油价格的同比增速来看,2024年前5个月WTI原油价格累计同比增速为5.08%,Brent原油价格累计同比增速为3.04%。石油输出国组织及其盟友(OPEC+)国家的持续减产导致的供应端收缩以及地缘政治影响支持了石油价格同比增速攀升。考虑到基数效应、6月OPEC+国家最新减产协议以及地缘冲突等因素的影响,课题组预计,2024年下半年原油价格将持续保持在80美元/桶附近波动,同比增速先升后降。

受全球供应链阻断以及欧美各国扩张性货币政策的影响,全球食品价格指数在2022年3月快速上升至历史性的高点159.71。但伴随着后疫情时代全球供应链的恢复以及美国货币政策的转向,食品价格指数持续回落。截至2024年5月,该指数为120.40,相比最高点回落了

24.4%,但仍比疫情前的 2019 年底高出 20%。

(五)全球供应链压力暂行低位

受新冠疫情冲击和地缘政治的影响,全球供应链压力在 2020—2022 年间出现了两次大幅上升。全球供应链压力指数在 2020 年 4 月和 2021 年 12 月出现了两次高点,分别为 3.17 和 4.32。2024 年 5 月,全球供应链压力指数为 −0.48,较 2023 年末和 2024 年初水平有所回落,但较 4 月有小幅回升。2024 年是全球选举年,主要经济体政策走向不确定性上升。在这种大背景下,受需求模式、地缘冲突和贸易紧张局势等外部因素影响,全球物流系统正在发生变化。关键技术、原材料、产业链成为各国竞争和关注的焦点,引发新的冲突和竞争。供应链将与国家安全政策继续交织在一起,新型供应链监管体系正在出现。未来还需关注中国自身国际供应链的结构变化。

三、需求侧恢复增长,内部结构进一步分化

(一)消费温和复苏,增长不及预期

2024 年消费市场受到稳中有进的经济政策影响,呈现稳定增长的态势,但国内需求仍有提升空间,社会消费增速能够进一步增长。2023 年 12 月中央经济工作会议指出,着力扩大国内需求;要激发有潜能的消费,扩大有效益的投资,形成消费和投资相互促进的良性循环;推动消费从疫后恢复转向持续扩大,培育壮大新型消费。

在需求刺激和政策引导下,2024 年 1—5 月社会消费品总额累计同比增长 4.1%,较上年同期累计增速明显下降。从每月同比增速来看,2024 年 2 月社会消费品总额同比增速 5.5%,但从 3 月开始,同比增速降至 3.0%左右,这主要是由于 2023 年增速加快、同比基数较大所导致。总体而言,社会消费品累计同比增速还未达到疫情前同时期 8%左右的水平。目前,市场销售稳定增长,服务消费增长较快,社会消费总体规模仍有较大增长空间。

上述社会消费品零售总额增速还受到价格水平的制约。从价格层面

来看,2023年末和2024年初消费价格指数CPI当月同比均有所下降,给2024年初社会消费品总额规模同比增速造成了一定影响。

具体来看,2024年1月CPI同比增速−0.8%,延续了2023年末价格指数收缩、消费扩张不足的趋势。2月CPI同比增长0.7%,恢复正值。4—5月CPI同比增速均维持在0.3%的水平,基本达到了2023年初的增长水平。1—5月CPI累计同比增速0.1%,核心CPI同比和累计同比增速相较于CPI增速均更为明显。2024年1—5月,核心CPI当月同比在0.6%水平上下波动,1月增速为0.4%,2月达到1.2%的峰值,直到5月稳定在0.6%的水平。1—5月核心CPI累计增速稳定在0.7%左右,基本与上年水平持平。总体而言,CPI保持缓慢回升态势。一方面,经济持续向好,总需求回升,这是支撑CPI回升的一个重要基本面因素;另一方面,部分农产品价格到了价格调整拐点,如生猪价格。五一劳动节等节假日也带动了旅游相关出行类消费价格回暖。价格有望在低位温和回升。

事实上,不同类型的消费品对社会消费复苏的贡献力度不同,其复苏潜力呈现一定的异质性。2024年初,服务类消费对于社会消费规模增长贡献明显。在2023年服务业高基数增长的基础上,2024年服务业继续稳定增长,一个典型例子就是餐饮类。餐饮类消费受春节假期影响,2月同比增速12.5%,4月回落至4.4%,但由于五一假期等利好因素,5月同比增速5%。预计第二、第三季度,由于假期和政策刺激等影响,餐饮消费会保持增长态势,带动社会消费规模增长。

实物消费总体比较稳定。在商品零售子类中,食品和日用品等非汽车消费品零售额相对较为稳定,2024年2—5月,非汽车消费品零售额同比增速均保持在4%。相比之下,以汽车为代表的耐用品消费额度和销售量呈现不同趋势的变化。在销量上,虽然2023年上半年同时期汽车销量同比快速上升导致基数效应较大,但是在中央经济工作会议"提振新能源汽车、电子产品等大宗消费"的政策引导下,2024年汽车销量1月同比增速实现了47.93%大规模增长,虽然2月同比增速为−19.87%,但3—4月稳定在9%以上水平,5月增速为1.48%。在汽车零售额上,2023年2月销售额同比增速9.4%,3—5月持续10%甚至以超过20%的速度增长,正是在该基数效应以及新能源汽车价格效应影响下,2024年2月汽车销售额同比增长8.7%,但是3—5月同比增长为负,维持在−4%

左右。

2024 年 1—5 月,受政策引导和民众需求,消费得以释放,呈现温和复苏态势,服务消费和非汽车类商品消费继续稳定增长,汽车消费品在需求规模上仍然呈现上升态势。总体而言,社会消费增长仍然有提升空间。

(二)固定资产投资增速内部分化,制造业投资拉动投资,基建投资平稳增长,房地产投资延续下行趋势,高技术产业投资增速加快

2024 年 1—5 月,全国固定资产投资(不含农户)188 006 亿元,累计同比增长 4%,增速较 1—4 月下降 0.2 个百分点。分产业来看,第一产业投资 3 565 亿元,累计同比增长 3%;第二产业投资 62 881 亿元,累计同比增长 12.5%;第三产业投资 121 560 亿元,累计同比增长 0%。总体来看,第二产业投资份额增加是带动固定资产投资上升的主要动力。分地区来看,东部地区投资累计同比增长 3.7%,中部地区投资累计同比增长 4.1%,西部地区投资累计同比增长 0.2%,东北地区投资累计同比增长 4%。总体来看,我国固定资产投资增长主要由中东部地区和东北地区重工业基地拉动,西部地区上升不明显,固定资产投资存在较为明显的地区不均衡性。分登记注册类型来看,2024 年 1—5 月,国内企业固定资产投资累计同比增长 3.8%,港澳台企业累计同比增长 6.6%,外资企业累计同比下降 15.4%。由于国内经济仍处于复苏期,加之国际地缘政治紧张,贸易、军事冲突不断,导致外资投资额度明显减少。从投资主体的角度来看,2024 年 1—5 月,国有企业及国有控股单位固定资产投资累计同比增长 7.1%,民间固定资产投资累计同比增长 0.1%,说明受企业预期恶化、市场需求不足、企业盈利低迷、海外风险挑战增多等因素影响,民间资本投资信心不足,"不敢投""不愿投"现象依然较为突出,仍然需要政策加力以提振民营企业信心、改善预期。

从三大投资领域来看,2024 年以来制造业投资增速呈现较强韧性,得益于智能手机、高技术船舶、汽车等产品生产较快增长。其中,装备制造业利润保持较快增长,为工业企业效益提升注入重要动力。2024 年 1—5 月,装备制造业利润同比增长 11.5%,增速高于规模以上工业 8.1 个百分点,拉动规模以上工业利润增长 3.6 个百分点,是 2024 年以来推动规模以上工业利润增长贡献最大的行业板块。同时,受益于国内需求稳步恢复、工业品出口总体加快等因素,消费品制造业利润保持较快增长。这反映了国家对新兴技术发展的高度重视,国内制造业投资结构正在发生变化,新旧动能正在进行转换。另外,随着减税降费以及助企纾困等政策的不断深入,制造业高端化、智能化、绿色化深入推进,工业企业生产经营状况不断改善,企业利润维持高增长,对制造业投资具有较好的支撑作用。

在基础设施建设投资方面,2024 年 1—5 月,基础设施投资同比增长 5.7%,增速比全部投资高 1.7 个百分点,拉动全部投资增长 1.3 个百分点。其中,铁路运输业投资增长 21.6%,航空运输业投资增长 20.1%,水利管理业投资增长 18.5%,信息传输业投资增长 12.9%。对投资端的支撑作用有所增强。

在房地产开发投资方面,2024 年 1—5 月,房地产开发投资同比下降 10.1%,房屋新开工面积下降 24.2%,新建商品房销售面积下降 20.3%,销售额下降 27.9%。房地产销售动能持续走弱,对房地产投资起到了降温作用。目前,房地产市场处于深度调整期,在家庭资产负债表受损、市场预期仍未明显改善等因素的综合影响下,后续房地产销售压力将会继续增大。展望下一阶段,在前期房地产政策高压以及多家民营地产企业风险暴露的作用下,房地产企业对于行业前景的预期仍然处于较为悲观的状态。市场信心和预期恢复仍需较长时间,房地产投资仍然处于探底过程中,后续增长压力依然较大。

(三)对外贸易稳步增长,外部风险依然处于高位

2024 年 1—5 月,受上年前高后低的基数影响,出口和进口增速均展现前高后低并逐渐保持平稳的趋势,整体进出口增速保持基本稳定。2024 年 1—5 月,进出口总额为 24 643.2 亿美元,同比下降 2.8%。其中,出口总额为 14 007.6 亿美元,同比增长 2.7%;进口总额为 10 635.6 亿美元,同比增长 2.9%;顺差为 3 372.1 亿美元,比 2023 年同期增加 60.5 亿美元。国际服务贸易增速大幅回升,其中,国际服务贸易进口增速大幅高于其出口增速,导致国际服务逆差较上年同期进一步增大。无论是国际服务贸易逆差还是其增速,均已基本恢复至疫情前的水平。

四、有限空间下的宏观政策持续发挥调节作用

(一)稳健、可持续、防空转的货币政策

2024 年货币政策的重点是畅通货币政策传导机制,避免资金沉淀空转。从趋势来看,M2 增速保持在 10％以下,增速持续放缓;M1 增速同样维持下降趋势,增速回落明显,4 月 M1 增速继 2022 年 1 月同比下降 1.9％之后再次实现负增长。从社会融资规模的增量来看,2024 年 1—5 月,社会融资累计新增 14.8 万亿元,同比少增 2.52 万亿元,同比增速 −14.5％。1—5 月人民币贷款累计增加 10.26 万亿元,同比少增 2.1 万亿元,同比增速 −16.0％,约占社会融资规模的 69.3％,人民币信贷在社会融资中起主导作用。

2024 年 1—5 月,居民户贷款累计新增 8 891 亿元,同比少增 9 470 亿元。其中,中长期贷款新增 8 598 亿元,累计同比少增 1 372 亿元;短期贷款新增 293 亿元,累计同比少增 8 093 亿元。居民贷款少增,一方面可能源于房地产市场调整导致购房需求下降,贷款需求也有所减少;另一方面,由于各地正在出台"以旧换新"政策,造成汽车、家电等耐用消费品需求延迟释放。

2024 年 1—5 月,M2 增速明显下滑,融资需求回落,社会融资总额存量增速较慢。在流动性投放方面,中国人民银行继 1 月分别下调支农再贷款、支小再贷款和再贴现利率各 0.25 个百分点后,2 月再次下调金融机构存款准备金率 0.5 个百分点。降准增加了金融机构支持实体经济运行的资金来源,定向下调的落实也加大了对民营企业和小微企业的支持力度。截至 2024 年 6 月,央行 MLF 1 年期利率维持在 2023 年末 2.5％的水平,相较于上年同期下降 0.15％。6 月 LPR 报价为 1 年期 3.45％,与 2023 年末持平,较上年同期下降 0.1％。5 年期 LPR 报价为 3.95％,相较于 2023 年末和上年同期下降 0.25％。总体而言,市场整体流动性紧缩,央行这些举措体现了其加强逆周期调节和提升货币政策传导效率的政策要求,通过降息降准来保持市场的流动性,加大金融机构对实体经济的支持力度。

(二)财政政策继续发力,但地方财政收支两端承压

2024 年 1—5 月,全国一般公共预算收入 9.69 万亿元,同比下降 2.8%,扣除上年同期中小微企业缓税入库抬高基数、上年年中出台的减税政策翘尾减收等特殊因素影响后,可比增长约 2%。其中,中央一般公共预算收入 4.28 万亿元,同比下降 6.7%;地方一般公共预算本级收入 5.41 万亿元,同比增长 0.5%。分税种来看,1—5 月国内增值税收入 3.01 万亿元,同比下降 6.1%。同期国内消费税收入 0.76 万亿元,进口环节增值税、消费税收入 7 741 亿元,同比增长 1.5%。受企业利润下降等因素影响,企业所得税收入 2.24 万亿元,同比下降 1.7%;个人所得税收入 0.6 万亿元,同比下降 6%。

房地产相关税收中,契税收入 2 326 亿元,同比下降 8.7%;房产税收入 2 086 亿元,同比增长 20.1%。同时,其他几类税收中,城镇土地使用税收入 1 120 亿元,同比增长 12.7%;土地增值税收入 2 442 亿元,同比下降 5.3%;耕地占用税收入 642 亿元,同比增长 21.4%。房地产相关主要税种收入增速偏低,反映了房地产市场整体低位运行的现状。

支出方面,2024 年 1—5 月,全国一般公共预算支出 10.84 万亿元,同比增长 3.4%。其中,中央一般公共预算本级支出 1.44 万亿元,同比增长 10.2%;地方一般公共预算支出 9.40 万亿元,同比增长 2.4%。从支出项目来看,民生支出方面继续保持稳定增长,其中,教育支出 1.64 万亿元,同比增长 2.3%;社会保障和就业支出 1.86 万亿元,同比增长 4.5%;卫生健康支出 0.86 万亿元,同比下降 9.5%;城乡社区事务支出 0.82 万亿元,同比增长 9.5%;农林水事务支出 0.83 万亿元,同比增长 12.0%;交通运输支出 0.45 万亿元,同比下降 1.0%;债务付息支出 5 061 亿元,同比增长 7.3%,还债负担持续上升。

政府基金性收入方面,2024 年 1—5 月,全国政府基金性收入 1.67 万亿元,累计同比下降 10.8%。其中,中央政府性基金收入 1 764 亿元,地方本级政府性基金收入 1.49 万亿元,累计同比分别增长 9.8%和下降 12.8%。地方本级政府性基金收入增速下降的主要原因在于国有土地使用权出让收入增速的大幅下降,1—5 月累计同比下降 14%。西部省份土地转让金收入增速下降幅度较大,这些地区自身财政能力和经济发展水

平本就相对较弱的省份,土地转让金收入增速下降将进一步削弱财政能力,对当地经济发展和债务化解形成制约。

按照"以收定支"的原则,一般公共财政收入增速下降的背景下,政府基金性收入增速的大幅下降很大程度上限制了政府性基金的支出端发力。2024 年 1—5 月,全国政府基金性支出 2.78 万亿元,累计同比下降 19.3%。其中,中央政府性基金支出 604 亿元,地方本级政府性基金支出 2.71 万亿元,累计同比分别增长 20.1% 和下降 19.9%。此外,土地出让金依然是地方政府收入的主要来源。截至 2024 年 5 月,土地使用权出让收入同比下降 7.3%,国有土地使用权出让收入增速的大幅下降短期内直接制约了地方政府的收入和支出能力。

财政收支两端承压,导致政府债务融资需求上升。截至 2024 年 3 月底,全国地方政府债务余额高达 416 940 亿元,其中,一般债务 161 585 亿元,专项债务 255 355 亿元。因而,地方政府债务问题成为系统性金融风险的主要来源之一,防范化解地方政府债务扩张风险、切实维护财政金融稳定,是坚决打好防范化解重大风险攻坚战的重要任务。

综上所述,随着房地产市场走低,地方政府土地转让收入下滑,总体财力受限,在化债成为全年财政政策主线的背景下,地方政府债务融资空间也比较有限。多种因素叠加之下,有必要通过存量债务置换、中央财政支持等措施妥善优化调整地方债务结构。通过转移支付形式为地方基建刚需筹措资金,可以尽快缓解地方政府的融资压力,同时不会对地方举债行为造成扭曲,不违背地方政府债务风险化解的基本原则。延续中央政府加杠杆,为地方政府化债和降低融资成本争取腾挪空间的思路,可适当上调预算赤字率,充分利用好中央财政能力。

第二章

化解通货紧缩风险，
助力发展新质生产力

　　价格作为反映市场供求关系的指示器，是宏观经济的核心变量之一。总体价格水平的变化即通货膨胀/通货紧缩，是经济学者和政策制定者关注的主要问题。常用的价格指标包括 CPI(消费者价格指数)、PPI(生产者价格指数)以及 GDP 平减指数。2024 年以来，CPI 温和上涨，PPI 降幅收窄，但第一季度 GDP 平减指数同比增速依然为负，在低位震荡，不仅没有改善，反而略有扩大。这些价格变化背后的根本原因是什么？其影响因素有哪些？它们的影响程度如何？下半年的价格走势如何？特别地，猪肉价格在下半年会延续上升趋势吗？对 CPI 影响有多大？通货紧缩会带来什么风险和危害？应该如何化解通货紧缩风险，从而助力发展新质生产力？本章试图围绕这些问题进行具体的讨论。

一、通货紧缩压力犹存，内生增长动力不足

　　2024 年 1—5 月，消费领域价格总体平稳，CPI 温和上涨，同比增速由负转正，累计同比增速 0.1%，生产领域价格降幅略有收窄，PPI 累计同比增速 −2.4%，高于上年 −3% 的年均增速。然而，第一季度 GDP 平减指数同比增速 −1.07%，低于上年 −0.53% 的年均增速，价格总体依然低

迷,其变化也呈现一定的结构性差异。进一步从具体月份来看,受春节错月和基数效应等因素影响,CPI 同比增速在 1 月显著下降,同比下降0.8%,之后开始回升;2 月同比上涨 0.7%;3 月节后消费需求季节性回落,CPI 同比涨幅回落至 0.1%;4—5 月受食品价格等因素的影响,CPI与上年同期相比均增长 0.3%。此外,扣除食品和能源价格的核心 CPI同比增速在 2024 年 1—5 月去除春节错月影响波动很小,平均同比增速0.7%,与上年同期以及年均增速持平,依然保持温和上涨的趋势。类似地,PPI 同比增速在 2024 年 1—5 月也是先降再升,第一季度受翘尾因素影响,下降幅度相对较大。4 月之后,受大宗商品价格上行和部分工业品市场供需关系改善以及基数效应等因素影响,PPI 同比降幅开始收窄。课题组根据国家统计局公布的 GDP 名义值以及实际同比增长率构造计算得到的 GDP 平减指数,在 2023 年 4 个季度以及 2024 年第一季度同比增速分别是 0.68%、−1.06%、−0.74%、−0.99% 以及 −1.07%(见图 1)。值得警惕的是,尽管 2024 年上半年 CPI 同比增速已经转正,PPI降幅有所收窄,但是 GDP 平减指数同比增速依然为负,且在底部震荡,CPI 和核心 CPI 同比增速也远低于 3% 的通胀目标,且 PPI 同比增速依然为负,通缩压力不容小觑。

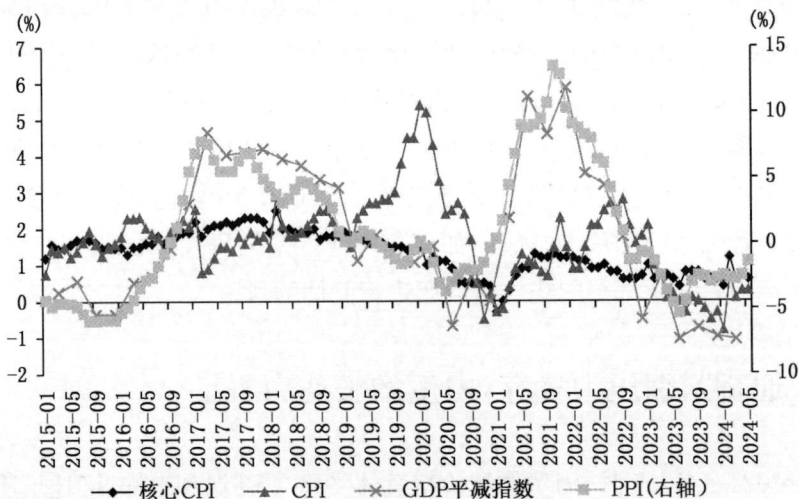

数据来源:国家统计局、上海财经大学经济学院。

图 1　价格指数同比增速

　　当年价格指数同比增速既受到上年价格上涨(下降)的滞后(延伸)影响,即翘尾因素的影响,又受到当年价格变动的新影响,即新涨价因素的影响。为了更清楚地看到当年新涨价因素的影响,课题组将 CPI 和 PPI 的同比增长分为两个部分:第一部分是上年同期至上年年底的翘尾因素影响;第二部分是当年价格变动的新涨价影响。从图 2 可以看到,去除翘尾因素影响后的 CPI 新涨价因素在 2024 年的变化情况,翘尾影响均为负值,新涨价因素高于 CPI 同比增速,且均为正值,这说明相较于 2023 年年底,2024 年消费价格有所上升,不过上升的幅度不大。图 3 显示 PPI 以及翘尾因素和新涨价因素的变化,翘尾因素和新涨价因素在 2024 年均为负值,进而使得 PPI 同比增速依然为负。

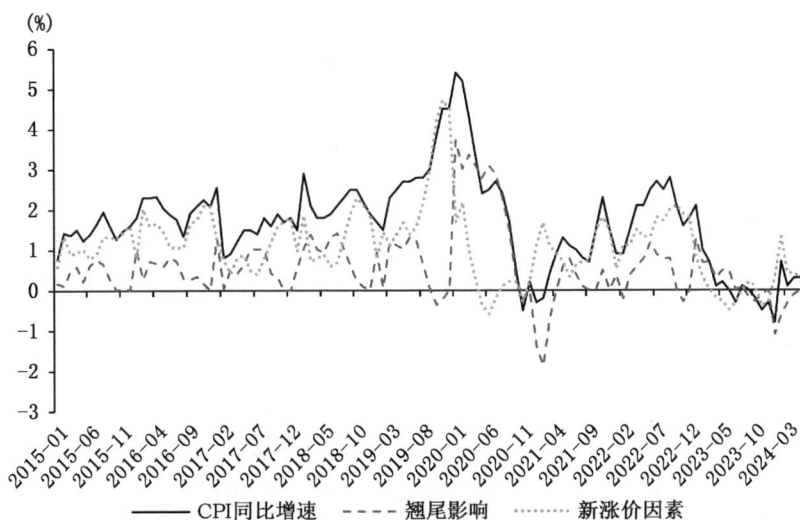

数据来源:国家统计局、上海财经大学经济学院。

图 2　CPI 同比增速翘尾影响与新涨价因素

　　是什么原因引起价格增速如此低迷? 从需求端来看,2024 年第一季度实际 GDP 同比增长 5.3%,其中,消费、投资和净出口分别拉动 GDP 上升 3.91、0.63 和 0.77 个百分点。[①] 进一步从月度的社会消费品零售数据来看,2024 年 1—5 月累计同比增速 4.1%,扣除食品和能源的核心 CPI 前 5 个月累计同比增长 0.7%。这些数据暗示内需在缓慢恢复,不过

――――――――――

　　① 本段数据均来自国家统计局。

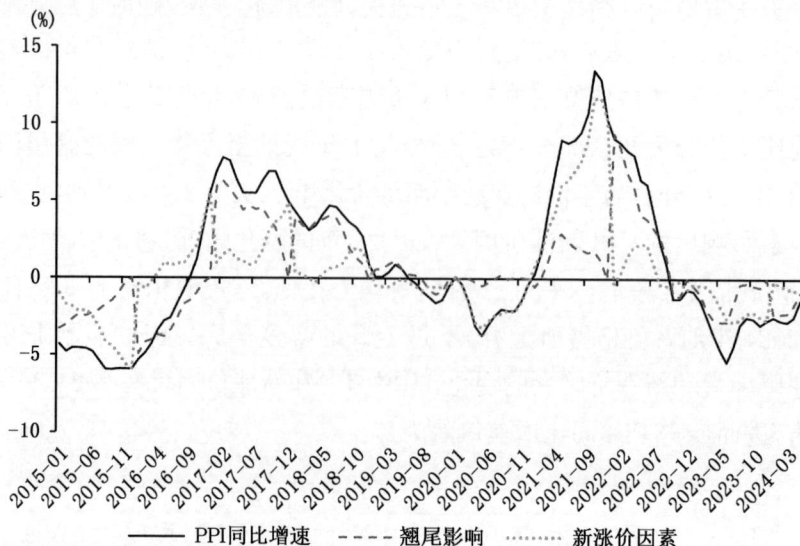

数据来源：国家统计局、上海财经大学经济学院。

图3　PPI同比增速翘尾影响与新涨价因素

增长动力尚显不足。究其原因，很重要的影响因素是疫情带来的消费者信心和预期的显著下降。图4显示2022年4月消费者信心指数和预期

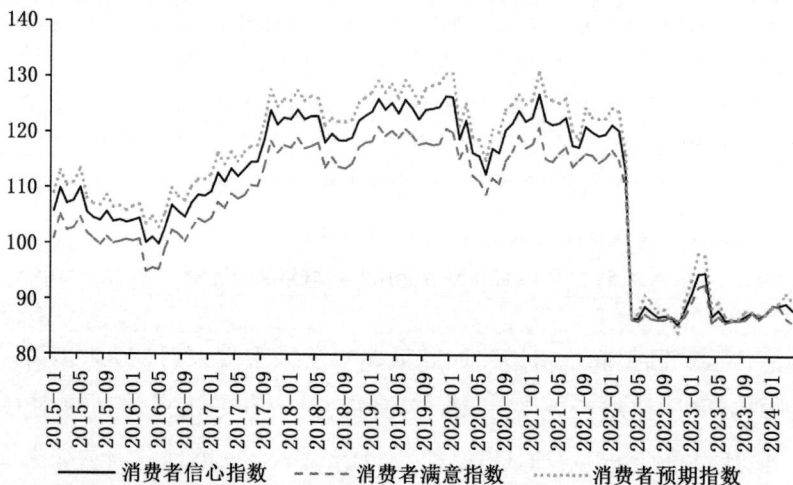

数据来源：国家统计局。

图4　消费者信心指数、满意指数与预期指数

指数均出现断崖式下降，之后在低位震荡，近期总体呈现上升趋势，但上升幅度不大。消费者的信心和预期影响消费决策，对消费需求有重要的影响，进而信心和预期具有自我实现性。[①] 另外，受房地产市场低迷影响，一些与房地产建筑相关的产品需求也受到较大的冲击，相应的产品价格近两年总体处于下降趋势。进一步从供给端来看，2022 年第一季度爆发的俄乌地缘冲突使得以能源为代表的国际大宗商品价格迅速攀升，带动我国大宗商品价格指数创下自 2006 年有该数据以来的历史新高。之后，随着冲突的边际影响逐渐减弱，大宗商品价格指数经历了一个波动下降的过程，其同比增速基本在 0 附近。大宗商品价格对我国 PPI 有重要的影响，特别是对 PPI 中生产资料出厂价格有着重要的影响，进而部分地传导至处于产业链下游的生活资料出厂价格，进一步通过生活资料价格以及燃料价格影响 CPI 中的工业品价格，从而对 CPI 也产生一定程度的相对较弱的影响。[②] 因此，这些因素叠加起来共同导致价格增速总体低迷，特别地，衡量国内生产的所有最终产品和服务价格的 GDP 平减指数同比增速已连续四个季度为负。

不同于 GDP 平减指数，CPI 侧重于居民消费方面的产品和服务价格，PPI 侧重于工业生产方面的产品出厂价格变化情况。因此，CPI 和 PPI 包含的子成分以及相应的权重不同，其结构存在较大的差异。考虑到不同的产品或服务均有各自的特点，受到的冲击可能不同，即使受到的冲击相同，其反应也可能不同，下文分别对 CPI 和 PPI 的内部结构进行深入具体的分析，并对部分重要产品从供求关系的角度进行具体的分析和判断。我们看到，尽管受猪肉等食品价格的影响，CPI 同比增速有所上升，但这主要是受到供给端生产成本上升和猪周期的影响，内生增长动力不足的压力依然存在，仍要警惕部分行业债务通缩的压力。

（一）CPI 分析和预测

根据课题组的数学模型和计量分析[③]发现，食品对 CPI 的影响约为

---

①　正如很多理论研究所显示的，如 Hommes C. and Zhu M. ，Behavioral Learning Equilibria，*Journal of Economic Theory*，2014(150)：778—814。

②　根据我们的计量分析，能源等大宗商品对 PPI 的影响是对 CPI 影响的 6 倍左右。

③　课题组用不同的方法（如解方程和回归分析），其结果都是稳健的，并且与国家统计局的家庭消费支出的微观调查数据基本一致，说明课题组研究分析的结果是合理的。

20%,非食品对 CPI 的影响约为 80%。消费品对 CPI 的影响约为 62%,服务业对 CPI 的影响约为 38%。① 国家统计局 2024 年 6 月最新发布的数据显示,2024 年前 5 个月 CPI 累计同比上涨 0.1%,较 2023 年同期 0.8%的增速下降 0.7 个百分点。从食品来看,2024 年前 5 个月食品价格累计同比下降 2.8%,导致 CPI 下降约 0.56 个百分点,而 2023 年同期食品价格增速为 2.5%,拉动 CPI 上升约 0.5 个百分点。从非食品来看,2024 年前 5 个月非食品价格累计同比上涨 0.8%,导致 CPI 上涨约 0.64 个百分点,而 2023 年同期增速为 0.4%,拉动 CPI 上升约 0.32 个百分点(见图 5)。从另一分类消费品和服务角度来看,2024 年前 5 个月消费品价格累计同比下降 0.4%,导致 CPI 下降约 0.25 个百分点,而 2023 年同期增速为 0.8%,拉动 CPI 上升约 0.50 个百分点;2024 年前 5 个月服务价格累计同比上升 1%,导致 CPI 上升约 0.38 个百分点,而 2023 年同期增速为 0.9%,拉动 CPI 上升约 0.342 个百分点(见图 6)。由此可见,2024 年前 5 个月 CPI 上升主要是由于非食品价格的上升弥补了食品价格的下降,其中,服务业价格的上升占主要地位,不过总体上升幅度依然低于 2023 年同期。

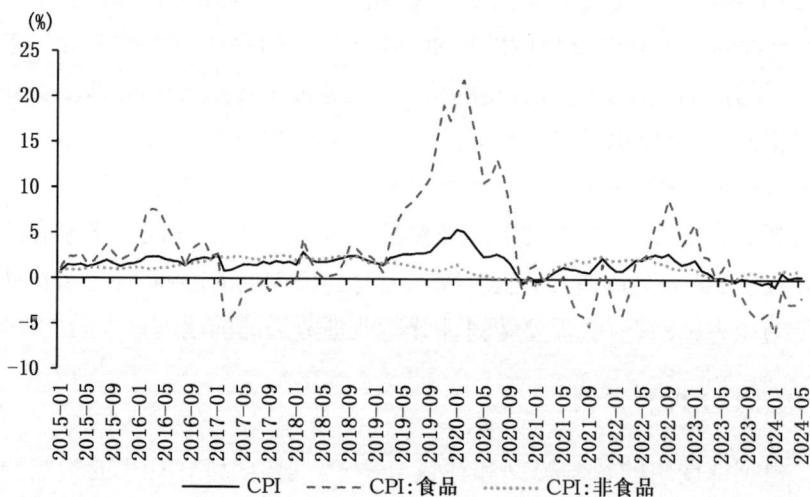

数据来源:国家统计局。

图 5　食品与非食品价格同比增速

---

① 使用 2023 年 1 月至 2024 年 5 月的数据计算。

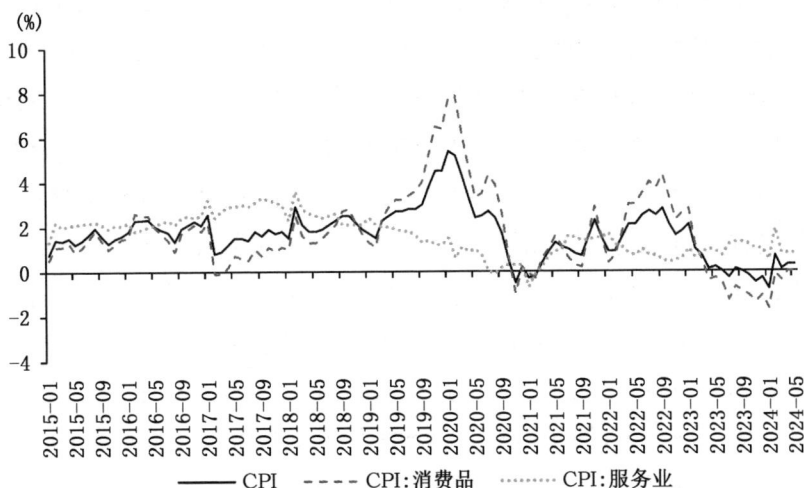

数据来源:国家统计局。

图6 消费品与服务业价格同比增速

进一步从食品的分项来看,食品中畜肉类、鲜菜、食用油和鲜果价格对 CPI 的影响相对较大,其变化如图7所示。而由图8可知,对畜肉类价格影响最大的是猪肉价格,因此,我们着重分析猪肉价格的变动对 CPI 同比变动的影响。2024年前5个月猪肉价格累计同比下降3.3%,导致 CPI 同比增速下降约 0.05 个百分点,而 2023 年猪肉价格同期上升 5.3%,导致 CPI 同比增速上升约 0.08 个百分点。2024 年前5个月猪肉价格同比增速总体呈现先下降后上升趋势,1月受翘尾因素及春节错月的影响,同比增速-17.3%;2月猪肉价格同比增速 0.2%;3月对猪肉需求回落,同比下降 2.4%。4月之后,受猪肉产能收缩,猪肉价格开始逆跌,4月与5月的同比增长幅度为 1.4% 和 4.6%。猪肉价格的同比增速受与"猪周期"密切相关的猪肉档期价格以及基数效应影响。猪周期是指由于猪肉供需失衡所引发的猪肉价格呈现周期性波动的现象。猪肉的产能周期约为9个月,养殖户购进能繁母猪后引导繁殖,生下的猪仔需要经过约9个月的饲养,体重达到标准成为准备出栏的生猪。当猪肉涨价时,养殖户会增加产能,约9个月后市场上的猪肉供大于求,猪肉价格开始逐渐下跌,养殖户又降低产能,约9个月后,市场上猪肉供应不足,猪肉价格再次走高,养殖户又开始增加产能。生猪生长的周期叠加养殖户趋利避害的行为,周而复始,便形成了猪周期。但是,目前猪周期进入了一个全新的阶段,供需关系和行业格局呈现新特征。从需求端来看,2014 年以前,我国猪肉需求基本保持稳定。此后,受人口老龄化和居民消费结构变化等因素影响,猪肉消费减少,牛羊肉及禽类消费增多。从供给端来看,2018 年非洲猪瘟后,行业集中度明显提升。在传统猪周期向新猪周期转换的过程中,将面临过剩格局。这也意味着猪周期将经历一段长时间的底部区间(2023 年 5 月至 2024 年 4 月),直至产能去化充分。图 9 显示了2015 年至今猪肉平均批发价格日高频数据,我们可以看到,2024 年以来价格总体呈现上升趋势,近几个月快速上扬,这主要是由于供应端缩量带来的支撑。进一步,图 10 显示了我国生猪和能繁母猪存栏数的变动情况,国内能繁母猪存栏量从 2023 年开始震荡下调,多地猪源供应不断收紧,加之适度压栏以及二次育肥,带动价格快速上涨。但考虑到即将迎来夏季,高温天气会抑制猪肉需求量、改善猪肉供需,因此猪肉价格连续上涨态势可能有所减弱,在进入秋冬季后迎来新一波高峰。课题组预计,2024 年下半年猪肉价格总体呈现上升趋势,加之上年同期基数相对较低,同比增速将显著上升,对 CPI 的拉动作用将达到 0.3~0.7 个百分点。

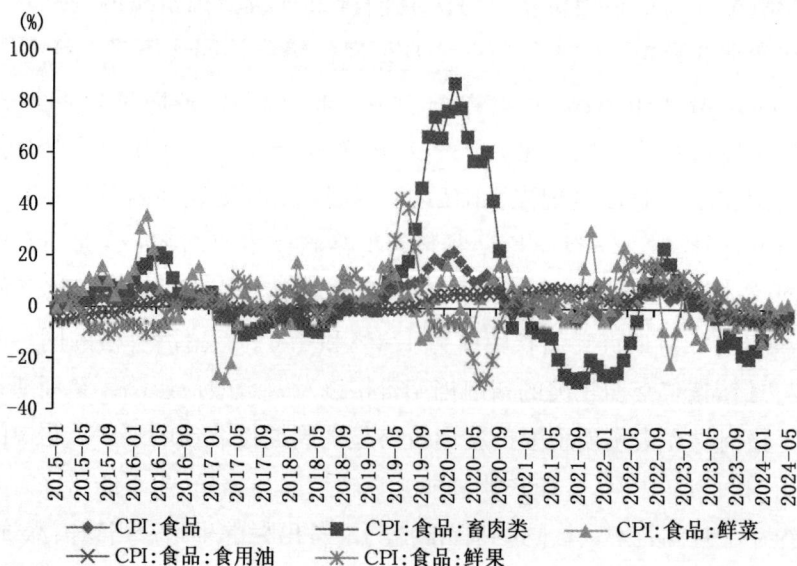

数据来源:国家统计局。

图 7　畜肉类、鲜菜、食用油、鲜果价格同比增速

(%)

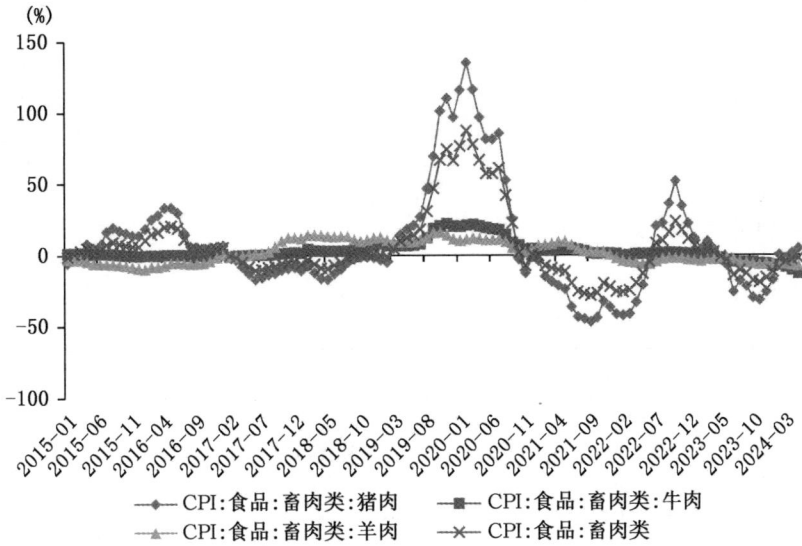

数据来源:国家统计局。

图 8 猪肉、牛肉、羊肉价格同比增速

(元/千克)

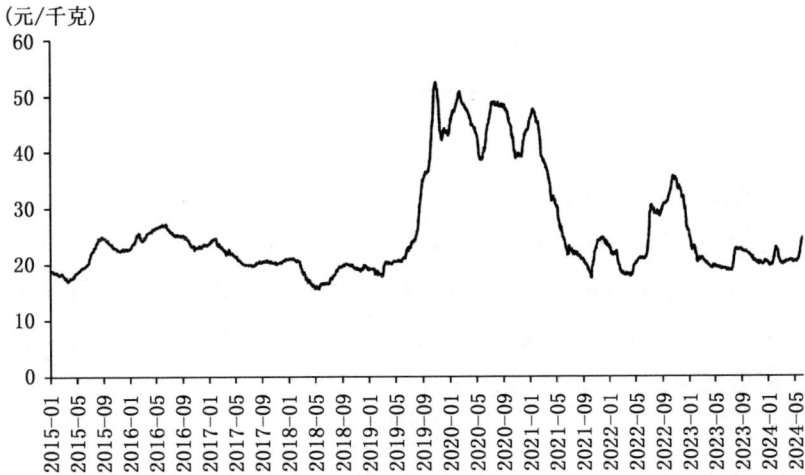

数据来源:农业农村部。

图 9 猪肉平均批发价格

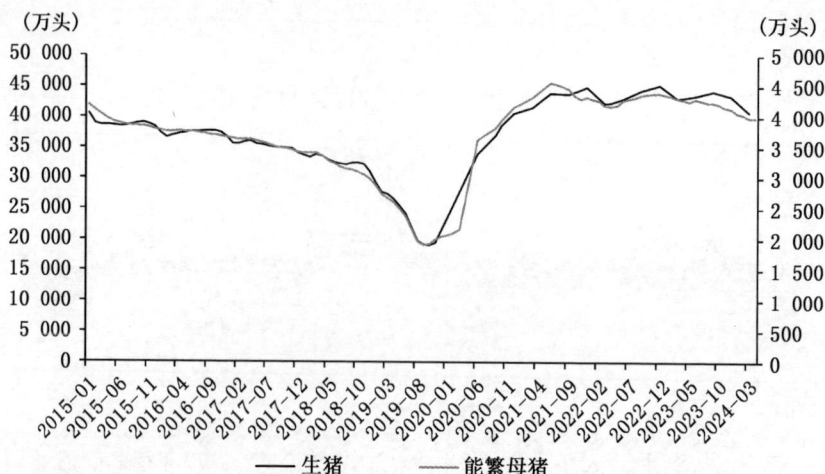

数据来源:农业农村部。

图 10　生猪与能繁母猪存栏数

　　鲜菜价格方面,2024 年前 5 个月鲜菜价格累计同比下降 1.8%,导致 CPI 同比增速下降约 0.05 个百分点,而 2023 年同期累计同比下降 4.9%,导致 CPI 同比增速下降约 0.14 个百分点。2024 年前 5 个月鲜菜价格同比增速呈现上升趋势,主要是因为 2023 年天气总体较好,有利于蔬菜成长,供给充足,导致 2023 年整体蔬菜价格较低,因此基数较低。从月度来看,2024 年受春节错月影响,1 月鲜菜价格同比增速−12.7%,而 2 月鲜菜价格同比增速 2.9%。随着春季叶类菜随气温升高,上市量增长较快,供给充足,3 月鲜菜价格同比增速−1.3%;4 月和 5 月鲜菜价格受夏季高温、蔬菜进入换茬期影响,以及基数效应,呈现阶段性上涨,同比增速达 1.3% 和 2.3%。受极端天气以及基数影响,预计下半年蔬菜价格同比增速可能为正,2024 年蔬菜价格对 CPI 的拉动作用较 2023 年也将显著上升。

　　除猪肉和鲜菜外,鲜果价格也对 CPI 有着重要的影响。2024 年前 5 个月鲜果价格累计同比下降 7.60%,导致 CPI 同比增速下降约 0.07 个百分点,而 2023 年同期累计同比上涨 8.30%,导致 CPI 同比增速上升约 0.08 个百分点。2023 年鲜果价格保持高位波动,原因主要在于成本上升以及部分消费者提升对水果品质的需求,水果门店呈现中高端化趋势,拉动了水果价格走高。2024 年鲜果价格同比增速持续为负的主要原因,除了基数高外，还有以下几点：一是消费整体持续低迷，消费者购买力有限，导致水果的需求不足；二是产业内卷、扎堆种植，2023 年水果价格的飞速上涨吸引了更多生产者的加入，导致供给过剩；三是进口水果增加，因国家调整对外政策导致大量低价农产品和水果涌入，对国内水果价格产生了冲击。分月度来看，1 月鲜果价格同比增速−9.1%；2 月受春节因素影响，鲜果价格下降幅度收窄，同比增速−4.1%；3—5 月鲜果价格持续下降，分别为−8.5%、−9.7% 和−6.7%。考虑到夏秋多发的洪涝等自然灾害，课题组预计，2024 年下半年鲜果价格同比增速将有所上升。

此外，就食用油而言，2024 年前 5 个月食用油价格累计同比下降5.2%，导致 CPI 同比增速下降约 0.09 个百分点，而 2023 年同期上升5.4%，导致 CPI 同比增速上升约 0.1 个百分点。国家统计局的数据显示，2024 年 1—5 月食用植物油产量 1 969.2 万吨，累计同比增长 4.1%，因此食用油价格走低主要在于供给充足。考虑到近期多地暴雨天气对农作物的影响，以及下半年食用油的需求会随着中秋、国庆等假期、年末和春节的采购备货等逐渐增加，课题组预计，2024 年下半年食用油的价格或将上涨。

进一步研究食品分项中水产品、粮食、蛋类和奶类对 CPI 的影响，其变化如图 11 所示。2024 年前 5 个月水产品价格累计同比上涨 0.5%，导致 CPI 同比增速上升约 0.017 个百分点，而 2023 年同期同样上升0.4%，导致 CPI 同比增速上升约 0.015 个百分点。分月度来看，2024 年受春节错月影响，1 月水产品价格同比增速−3.4%，而 2 月水产品价格同比增速逆跌至 4.1%；3 月气温回暖，水产养殖投苗陆续开展，养殖产品出塘开始减少，供给收紧推动 3 月水产品价格同比上涨 1.2%；4 月起黄河全域进入休禁渔期，市场供给量进一步减少，4 月和 5 月水产品价格同比增速仅为 0.2% 和 0.1%。而长江中下游强降雨也对鱼类养殖产生了一定的影响，课题组预计，2024 年下半年水产品价格总体可能有所上升。

粮食安全是维护国家安全的重要支撑，粮食保供稳价关乎国计民生。2024 年前 5 个月粮食价格累计同比增长 0.5%，导致 CPI 同比增速上升约 0.01 个百分点，而 2023 年同期同比上升 1.8%，导致 CPI 同比增速上升约 0.03 个百分点。2024 年前 5 个月粮食产量稳步攀升，且我国粮食自给率较高，口粮自给率在 100% 以上，谷物自给率在 95% 以上，粮价同

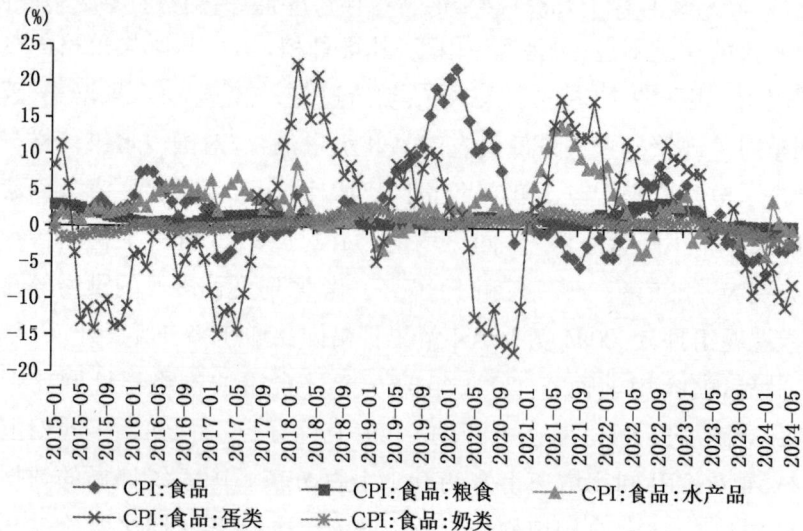

数据来源:国家统计局。

图 11　水产品、粮食、蛋类和奶类价格同比增速

比增速相较 2023 年呈现放缓趋势。2024 年 1 月,受翘尾因素和春节错月影响,粮食价格同比增速 0.5%,之后增速保持平稳,除 2 月同比增速为 0.3%外,其余月份同比增速均为 0.5%。课题组选择了小麦、大豆、玉米这三种主要的粮食作物,使用库存消费比来衡量三种粮食的供需水平,库存消费比下降表示供小于求,上升则表示供给充足。从图 12 可以看出,我国粮食供应总体较为充足,大豆的库存消费比相对比较稳定,近 20年来基本维持在 4%～16%区间,玉米与小麦的供应量自 2012 年开始大幅上涨,其中,玉米在 2015 年到达峰值后开始下降,小麦的峰值则出现在2019 年。小麦、玉米、大豆在 2024 年的库存消费比均比 2023 年有所上升,分别从 92.23%增至 103.28%、从 60.36%增至 68.36%、从 7.64%增至 8.29%。2023 年 10 月,联合国粮农组织最新发布的《谷物供求简报》显示,2024 年度季末世界谷物库存量最新预报数为 8.84 亿吨,较期初水平增长 3.0%,创历史新高。结合我国与世界粮食整体供应充足的情境,课题组预计,2024 年下半年粮食价格总体稳定,不会显著上涨,但考虑到多地暴雨天气对农作物的影响,粮食价格同比增速可能较上半年略有上升。

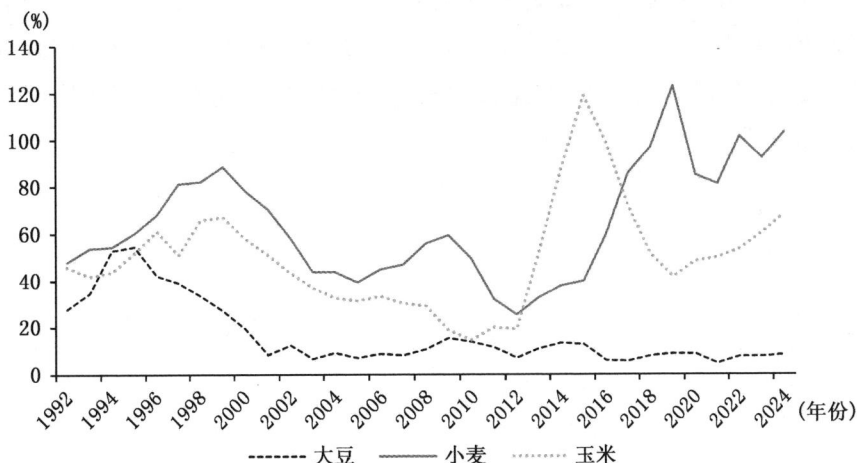

数据来源：汇易网、Wind。

图 12　粮食年末库存消费比

2024 年 1—5 月，蛋类价格累计同比下降 7.7％，导致 CPI 同比增速下降约 0.14 个百分点，而 2023 年同期同比上升 4.6％，导致 CPI 同比增速上升约 0.08 个百分点。由图 13 所示的周高频鸡蛋批发价格可以看出，2024 年上半年鸡蛋价格整体呈现波动下降态势，自 2023 年以来，我国在产、高产蛋鸡存栏保持在 11 亿只左右，上年鸡蛋产量更是创下历史新高，达到了 3 563 万吨，同比增长 3.1％，比以往最高的 2020 年的鸡蛋产量高 2.7％。[①] 并且 2024 年第一季度鸡蛋产量同比增长 1.5％，鸡蛋市场供应充足。鸡蛋消费则因清明、五一假期提振有限，市场需求增加不及预期，整体处于淡季，鸡蛋保持供大于求的局面，蛋价承压下行。2024 年以来，鸡蛋价格的变动趋势与蛋类价格同比增速的变动趋势整体相符。因春节前是鸡蛋消费淡季，加之 2023 年基数大，故 2024 年 1 月蛋类价格同比增速－6.4％；2 月由于春节错月，增速缩窄为－5.1％；3 月同比增速－8.9％；4 月同比增速－10.6％；5 月开始进入上行周期，同比增速缩窄为－7.4％。从短期来看，全国在产蛋鸡存栏稳中略增，鸡蛋市场供应充足。但消费端整体较为平稳，且自 5 月以来气温升高、南方降雨量增加，这些都对鸡蛋产量和储存产生了不利影响，鸡蛋价格出现一定程度的上

---

① 数据来自国家统计局。

23

升,同比降幅有所收窄。课题组预计,2024 年下半年鸡蛋价格将保持上升趋势,主要原因是夏季产蛋率下降,鸡蛋供应量偏紧,叠加中秋、国庆等节日提振,拉高鸡蛋需求,鸡蛋价格在下半年或将震荡上行,同比增速也将波动上升。

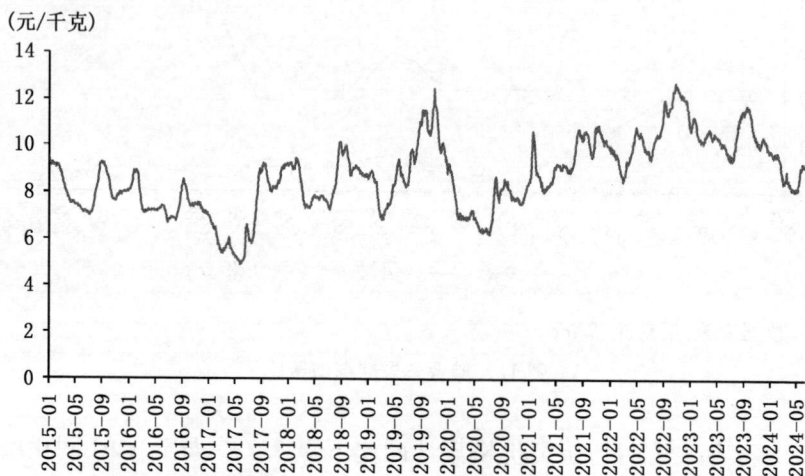

数据来源:农业农村部。

图 13 鸡蛋平均批发价格

就奶类而言,2024 年前 5 个月奶类价格累计同比下降 1.4%,导致 CPI 同比增速下降约 0.038 个百分点,而 2023 年同期同比上升 1%,导致 CPI 同比增速上升约 0.027 个百分点。2024 年年内养殖成本过高、乳品消费增速放缓、奶源相对过剩,使得奶类价格持续下行。随着目前国内牛群数量持续下降以及新牧场建设的放缓,乳制品行业消费复苏有望加速,2024 年国内牛奶市场的供需关系调整会逐步到位,因此,课题组预计,2024 年下半年奶类价格降速或将收窄。

2024 年前 5 个月猪肉、鲜菜、鲜果、食用油、水产品、粮食、蛋类和奶类八大类食品加在一起共拉低 CPI 约 0.41 个百分点,而 2023 年同期这八类共拉高 CPI 约 0.27 个百分点,因此,2024 年 1—5 月食品八大类合计对 CPI 的贡献较 2023 年同期下降约 0.68 个百分点。基于以上分析,2024 年前 5 个月猪肉、鲜果、食用油、粮食、奶类和蛋类价格同比增速均较上年同期有所下降,抵消了鲜菜和水产品价格同比增速的上升,从而带动食品类价格同比增速从 2.5% 下降为 −2.8%,进而引起 2024 年 1—5

月 CPI 同比增速从 0.8％下降至 0.1％。考虑到基数效应、供求关系、猪周期以及多地暴雨天气等因素的影响，课题组预计，2024 年下半年食品价格对 CPI 的拉动作用将较上半年显著提升。

下面进一步从非食品价格方面进行分析。如前所述，2024 年前 5 个月食品价格累计同比增速较 2023 年同期有明显下降，而 2024 年前 5 个月非食品价格同比增速呈现上升趋势，1 月同比增速 0.4％，2 月同比增速 1.1％，3 月同比增速 0.7％，4 月同比增速 0.9％，5 月同比增速 0.8％。进一步从结构上看，相较于 2023 年同期增速，以下六类非食品分类价格增速均有所上涨(见图 14)。

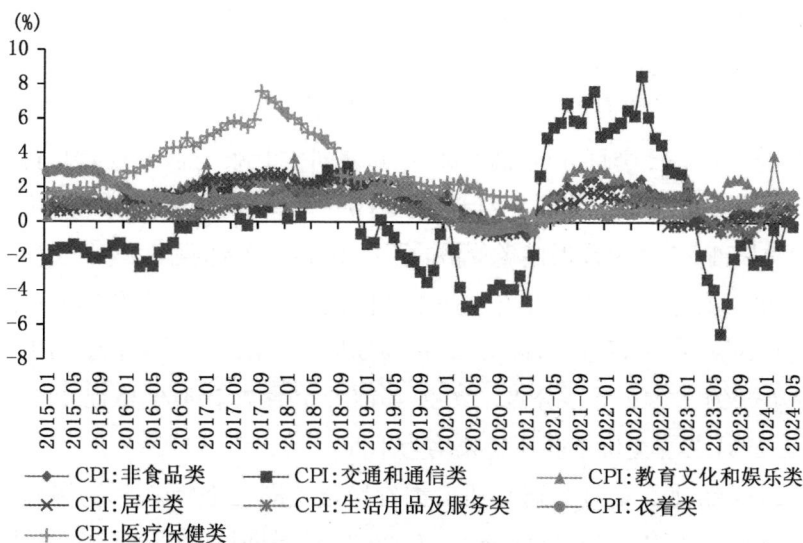

数据来源：国家统计局。

图 14　衣着类、居住类、生活用品及服务类、交通和通信类、教育文化和娱乐类、医疗保健类价格同比增速

2024 年前 5 个月居住类价格累计同比增速 0.2％，导致 CPI 同比增速上升约 0.03 个百分点，而 2023 年同期同比下降 0.2％，导致 CPI 同比增速下降约 0.03 个百分点。2024 年前 5 个月居住类价格同比增速均为正，1 月同比增速 0.3％，而 2—5 月同比增速均为 0.2％。居住类价格整体呈现小幅上涨趋势，较为平稳。

2024 年前 5 个月生活用品及服务类价格累计同比增速 0.9％，导致

CPI 同比增速上升约 0.02 个百分点,而 2023 年同期累计同比上涨 0.7%,导致 CPI 同比增速上升约 0.02 个百分点。2024 年前 5 个月生活用品及服务类价格同比增速均为正,1 月同比增速 1%,2 月同比增速 0.5%,而 5 月同比增速 0.8%。增速上升主要是由家政服务和其他家庭服务价格拉动。

教育文化和娱乐类价格受春节错月影响波动较大。2024 年前 5 个月教育文化和娱乐类价格累计同比增速 2.1%,导致 CPI 同比增速上升约 0.26 个百分点,而 2023 年同期同比上涨 1.7%,导致 CPI 同比增速上升约 0.21 个百分点。2024 年前 5 个月教育文化和娱乐类价格同比增速呈现小幅上涨趋势,受春节错月影响,1 月同比增速 1.3%,2 月同比增速 3.9%,而 3—5 月教育文化和娱乐类价格同比增速又回归至 1.8% 附近。

2024 年前 5 个月医疗保健类价格累计同比增速 1.40%,导致 CPI 同比增速上升约 0.12 个百分点,而 2023 年同期同比上涨 1%,导致 CPI 同比增速上升约 0.09 个百分点。2024 年前 5 个月医疗保健类价格同比增速呈现温和增长,1—5 月医疗保健类价格的同比增速波动区间在 1.3%~1.6%。

2024 年前 5 个月衣着类价格累计同比增速 1.6%,导致 CPI 同比增速上升约 0.09 个百分点,而 2023 年同期同比上涨 0.8%,导致 CPI 同比增速上升约 0.046 个百分点。2024 年前 5 个月衣着类价格保持相对稳定,1—5 月衣着类价格同比增长均为 1.6%。

2024 年前 5 个月交通和通信类价格累计同比下降 0.8%,导致 CPI 同比增速下降约 0.12 个百分点,而 2023 年同期同比下降 1.4%,导致 CPI 同比增速下降约 0.21 个百分点。2024 年前 5 个月交通和通信类价格同比增速变动频繁,分月度来看,1 月交通和通信类价格同比下降 2.4%,而 2 月价格同比下降幅度收窄,变为 0.4%,3 月价格同比下降 1.3%,4 月价格同比上涨 0.1%,5 月价格同比下降 0.2%。燃料价格同比增速的上升是带动上半年交通价格同比增速上升的因素之一。国际原油价格同比增速自 2024 年以来呈现上升趋势,带动国内汽柴油燃料价格同比增速波动上升,其中,5 月同比增速 6.3%。此外,交通工具价格的下降在一定程度上带动交通价格下行,2023 年以来,我国汽柴油及新能源汽车产量稳步增长,各地开展汽车促销活动,持续落实活跃二手车市场,且新能源汽车的交通成本低于油车。随着科技的发展,交通工具和通信工具的价格总体处于下行趋势。

2024 年前 5 个月居住类、生活用品及服务类、交通和通信类、教育文化和娱乐类、医疗保健类以及衣着类加在一起共拉高 CPI 约 0.4 个百分点，而 2023 年同期这六类共拉高 CPI 约 0.13 个百分点，因此 2024 年前 5 个月居住类、生活用品及服务类、交通和通信类、教育文化和娱乐类、医疗保健类以及衣着类价格合计对 CPI 的贡献较 2023 年同期上升约 0.27 个百分点。基于以上分析，2024 年前 5 个月居住类、生活用品及服务类、教育文化和娱乐类、衣着类、医疗保健类以及交通和通信类价格同比增速均较上年同期略有上升，从而拉动了非食品类 CPI 上升。考虑到国内经济的缓慢复苏以及以能源类为代表的国际大宗商品价格波动趋势等因素的影响，课题组预计，2024 年下半年非食品类价格将保持温和上升的趋势。

总体来看，2024 年前 5 个月 CPI 同比增速受春节错月、国际原油等大宗商品价格变化、以猪肉为代表的食品价格以及基数效应等各种因素的影响较 2023 年第四季度有所上升，同比增速由负转正，其中，2024 年 1 月 CPI 同比增速 -0.8%，2 月同比增速 0.7%，之后的 CPI 同比增速在 $0.1\%\sim0.3\%$ 之间波动。考虑到基数效应、以猪肉和鲜菜为代表的食品价格变化趋势以及大宗商品价格波动等各种因素的综合影响，课题组预计，2024 年下半年 CPI 同比增速将较上半年有所上升，但消费信心依然不强，内需乏力，内生增长动力不足，核心 CPI 上升空间有限。

（二）PPI 分析和预测

如前所述，2024 年前 5 个月 PPI 同比增速持续为负，第一季度 PPI 同比增速不断下降，从 1 月的 -2.5% 降至 3 月的 -2.8%，第二季度降幅稍微收窄，4 月 PPI 同比增速回到 -2.5%，5 月 PPI 同比增速 -1.4%。2024 年前 5 个月 PPI 累计同比增速 -2.4%，其中，生产资料累计同比增速 -2.9%，生活资料累计同比增速 -0.90%（见图 15）。根据课题组的分析，生产资料出厂价格对 PPI 的影响（即生产资料的权重）约占 78%，生活资料出厂价格对 PPI 的影响（即生活资料的权重）约占 22%[①]，这与之前一段时间生产资料和生活资料产出分别占整个工业产出的比例基本

---

① 使用 2023 年 1 月至 2024 年 5 月数据计算。

一致。由于生产资料占比较大,且其自身价格波动也较大,因此 PPI 同比增速的变化与生产资料价格同比增速的变化基本一致。进一步的分析显示,2024 年前 5 个月 PPI 累计同比降幅收窄(相较于 2023 年同期－2.6％的增速上升 0.2 个百分点,相较于 2023 年－3.0％的年均增速上升 0.6 个百分点),一方面是受部分国际大宗商品价格上行以及国内部分工业品市场供需改善等因素的影响;另一方面,在消费需求缓慢恢复带动下,国内大规模设备更新和消费品以旧换新政策逐步落地生效,对行业价格形成了一定支撑。同时,当前进入"迎峰度夏"阶段,电煤需求提振,煤炭价格或将继续保持上涨态势。课题组预计,2024 年下半年 PPI 同比降幅或将继续收窄。

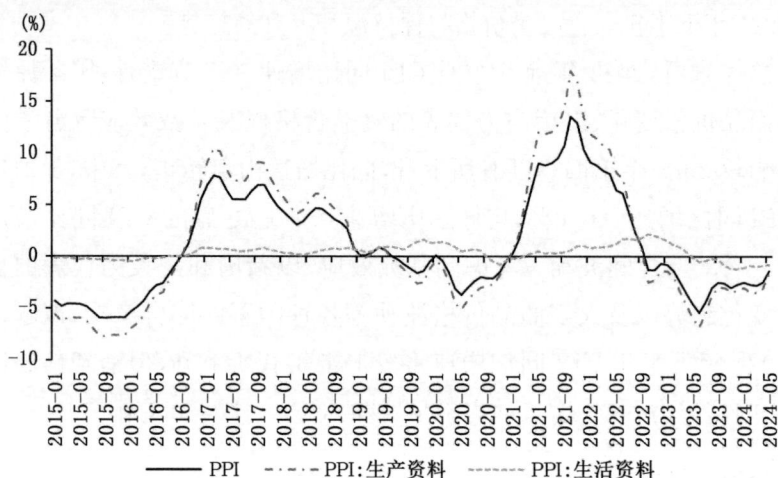

数据来源:国家统计局。

图 15　生产资料和生活资料价格同比增速

从结构来看,从图 15 可知,2024 前 5 个月生产资料价格累计同比增速相比 2023 年同期－3.48％的增速略有上升。生产资料中价格同比增速上升幅度最大的是原材料工业,2024 年前 5 个月原材料工业价格累计同比降幅为 2％,而 2023 年同期同比降幅为 4％,2024 年降幅缩小了 2 个百分点。而采掘工业价格同比降幅不升反降,从 2023 年的－4.6％降至 2024 年的－4.7％,降幅扩大了 0.1 个百分点。加工工业价格在 2024 年前 5 个月的价格累计同比增速－3.2％,与 2023 年同期同比增速持平。原材料工业价格同比降幅的缩小使得生产资料类 PPI 同比降幅收窄,从而使得 PPI 同比降幅也有所收窄。2024 年前 5 个月生产资料的价格变化影响 PPI 同比下降约 2.3 个百分点。2024 年前 5 个月的生活资料价格累计同比降幅却从 2023 年同期的 0.8% 变为 -0.9%。食品类、衣着类、一般日用品类和耐用消费品类的价格同比增速均有所下降,共同拉低了生产资料类 PPI 同比增速,从而带动 2024 年前 5 个月 PPI 同比增速下降约 0.2 个百分点,详见图 16、图 17。

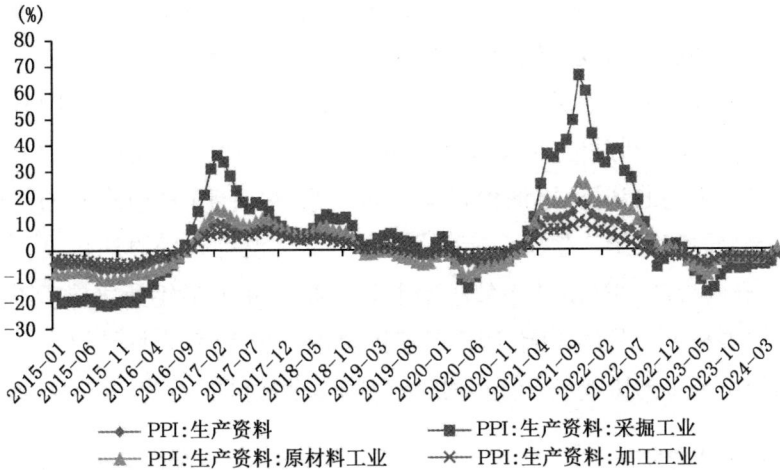

数据来源:国家统计局。

图 16　采掘工业、原材料工业和加工工业价格同比增速

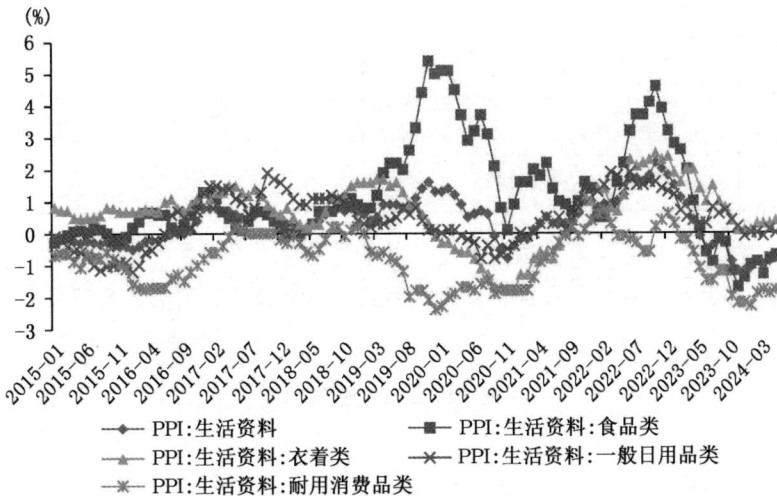

数据来源:国家统计局。

图 17　食品类、衣着类、一般日用品类、耐用消费品类价格同比增速

　　如图 18 所示,PPI 定基价格指数(2016—2020 年数据基期为 2015 年,2021 年至今数据基期调整为 2020 年)于 2018—2019 年在高位小幅波动,2020 年受新冠疫情和国际油价影响先降后升,2021 年基期调整后继续上升,2022 年第二季度受俄乌冲突影响,大宗商品价格快速上升,PPI 定基指数达到历史新高,之后随着冲突的边际影响逐渐减弱,PPI 定基指数也有所回落,这一下降趋势在美联储加息的持续影响下延续到了 2023 年 6 月。2023 年 7 月下旬,OPEC＋成员国大力度减产以及俄罗斯受制裁石油出口高度不确定叠加夏季航空旅行强劲,供需错配导致 2023 年第三季度原油价格又呈现上涨。而 2023 年第四季度随着美国利率不断上升,美元不断升值,需求不断减弱,加之 OPEC＋深化减产的力度并没有得到市场的认可,原油价格又开始下跌,尽管 10 月初爆发的巴以冲突对部分原油供给产生了一定的影响,但依然没有改变原油价格下降的趋势,进而带动 PPI 定基指数小幅下降。2024 年上半年受房地产不景气对钢铁等相关产品的影响,PPI 定基指数进一步下降,5 月受煤炭和有色金属价格上行的影响,PPI 定基指数时隔 7 个月再度上升。

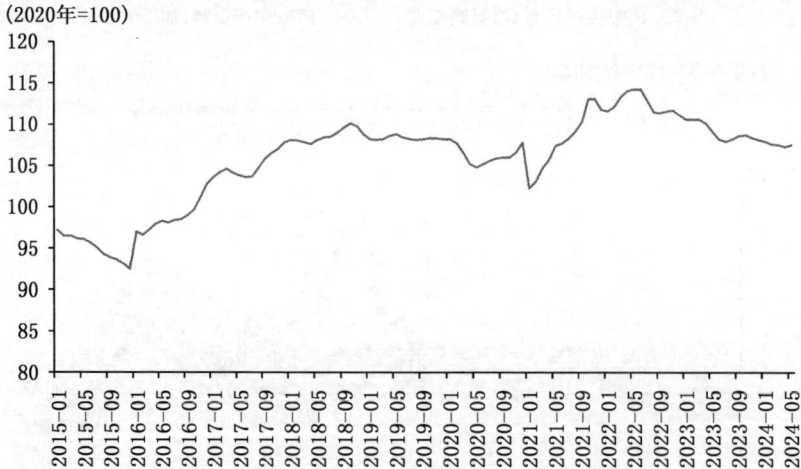

(2020年=100)

数据来源:国家统计局。

图 18　PPI 定基指数

下面看一下国际原油供需平衡差异①,以及相应的原油价格变化趋势。图 19 和图 20 分别展示了 WTI 和 Brent 两种国际原油的价格及同比增速变动趋势②,图 21 展示了国际原油供需平衡差异。OPEC+于 2016 年 11 月 30 日正式达成了此前 8 年来的首份减产协议,减产协议随后又被多次延长,导致原油供需平衡在 2017 年一直为负,因此国际原油价格从 2017 年起震荡上行,2018 年 10 月叠加美国制裁伊朗的影响,原油价格创下历史高价,2019 年高位震荡;2020 年 3 月,沙特与俄罗斯进行石油战,双方大幅增产,原油供需平衡差异由 2019 年第四季度的 0.05 百万桶/天增至 2020 年第一季度的 6.7 百万桶/天,导致国际原油价格疯狂下跌,甚至 WTI 原油期货合约在 2020 年 4 月 20 日出现价格为负的历史奇观,5 月 OPEC+新的减产协议使得国际原油价格迅速反弹,原油供需平衡差异由 2020 年第二季度的 8.55 百万桶/天降至第三季度的−1.09 百万桶/天。然而,全球新冠疫情蔓延降低了石油相关产品的需求,国际原油价格仅反弹至一个较低的水平。随着新冠疫情逐渐好转以及全球经济逐渐复苏并扩张,国际原油价格自 2020 年 12 月开始攀升,2021 年 4 月、7 月、10 月 OPEC+均达成温和增产协议,但受到 2020 年第四季度至 2022 年第一季度原油供需平衡差异持续为负的影响,不断扩大的供需缺口使得 2022 年 3 月国际原油价格超过 2018 年的最高价;随后,俄乌地缘冲突引发风险溢价,使得 2022 年 6 月国际原油价格突破历史高峰,带动原油供给不断增加,相应地,原油供需平衡差异在 2022 年第三季度达到新的高点,油价开始回落;2023 年上半年原油供需平衡差异一直为正,同时受美联储加息的持续影响,油价总体呈现下跌,第三季度因为 OPEC+减产,市场对于原油的需求大于供给,第三季度原油供需平衡跌至−1.45 百万桶/天,原油价格也小幅回升;2024 年上半年市场对于地缘冲突开始逐步脱敏,在经历了俄乌、以伊之间冲突的加剧又缓和后,原油价格呈现先上升后下降的趋势。受原油供需平衡差异持续为负的影响,国际原油价格保持在 80 美元/桶附近波动。由此,从原油价格的同比增速来看,2024 年前 5 个月 WTI 原油价格累计同比增速 5.08%,Brent 原油价格累计同比增速 3.04%。OPEC+国家的持续减产导致的供应端收缩以及地

---

① 包括库存变化及其他杂项。

② WTI 原油价格是得克萨斯米德兰的现货离岸价,Brent 原油价格是英国主港的现货离岸价。

缘政治影响支持了石油价格的同比增速攀升。考虑到基数效应、6 月 OPEC＋国家最新减产协议以及地缘冲突等因素的影响,课题组预计, 2024 年下半年原油价格将持续保持在 80 美元/桶附近波动,同比增速先升后降。

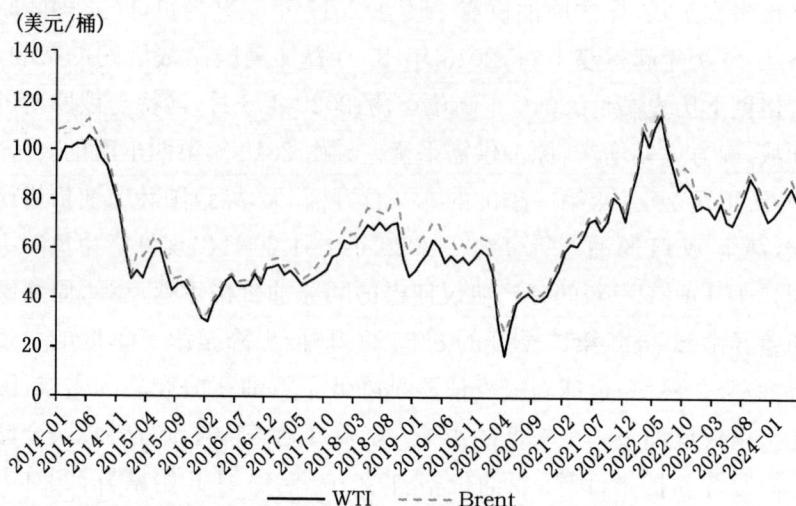

数据来源:国际货币基金组织。

图 19　国际原油价格

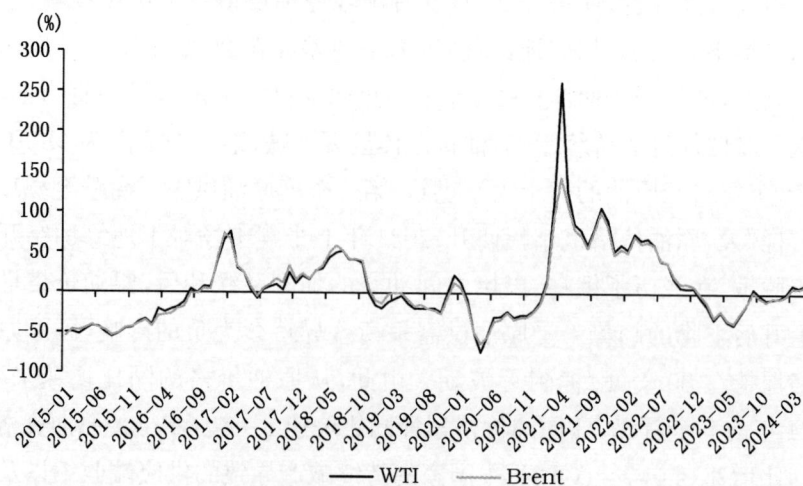

数据来源:国际货币基金组织。

图 20　国际原油价格同比增速

(百万桶/天)

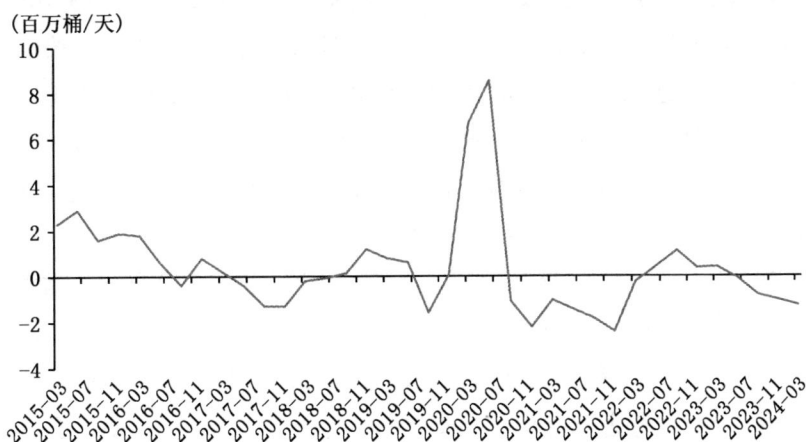

数据来源:OPEC。

图 21 国际原油供需平衡差异

除了原油,煤炭也对 PPI 有着重要的影响。如图 22 所示,课题组选用动力煤与炼焦煤供需缺口来分析煤炭供需情况,其中,动力煤市场主要为热电厂、工矿企业提供燃动力,而炼焦煤主要用于生产焦炭。煤炭供需缺口的计算方法为动力煤(或炼焦煤)总需求一动力煤(或炼焦煤)总供给,其中,煤炭总需求为动力煤(或炼焦煤)出口数量+消费量;煤炭总供给为动力煤(或炼焦煤)进口数量+产量。从图中可以看出,动力煤供需周期性波动较为明显,而炼焦煤供需则相对平稳。2016 年煤炭行业开始一轮由去产能、环保政策为主导的供给侧改革,仅 2016 年全年,全国一共有 1 727 个煤矿退出,煤炭总产能减少 26 296 万吨/年,煤炭供给受到制约,煤炭价格上升;2021 年煤炭供需失衡,全年需求大于供给,受到当时新冠疫情的影响,大量电厂为了疫情防控保发电而大量采购进口煤填补缺口,使得 2021 年需煤量比往年有大幅度增加;而 7—11 月,我国受进口煤总量的严格管控,使得进口煤的数量减少,煤炭价格也在此期间大涨。此外,蒙煤产煤量严重减少也导致煤价抬高,2021 年 1—12 月,蒙古国煤炭产量累计 3 012.44 万吨,同比减少 1 269.74 万吨,降幅为 29.65%。2023 年受季节性因素和国内外市场的影响,煤炭市场供需震荡波动。2024 年 1—5 月,动力煤供需缺口持续下降,1 月供需缺口 6 024 万吨,4 月供需缺口变为－2 336 万吨,需求量逐渐小于供给量。除了季节性回落之外,还因为动力煤应用集中于电厂,其需求与宏观经济走势密切相关,2024 年经济增长放缓叠加能源结构转型带来的社会用电量增长承压对动力煤的需求形成了一定的压力。炼焦煤应用集中于钢铁冶炼。2023年,中国实现生铁产量 8.7 亿吨,同比增长 0.7%;实现粗钢产量 10.2 亿吨,同比持平。粗钢产量平控、环保要求趋严以及当前羸弱的地产投资,使得中国钢铁失去了实质型扩产机会,进而显著压制了炼焦煤的需求增量。2024 年 1 月炼焦煤供需缺口 213.85 万吨;2 月扩大为 433.08 万吨;3 月转正为负,缺口 −51.86 万吨;4 月供需缺口 17.39 万吨。受夏冬季对空调/暖气需求增加的影响,课题组预计,2024 年下半年煤炭价格将波动上升。然而,考虑到环保和房地产等因素的影响,煤炭价格上升的空间有限,长期将保持下降趋势。

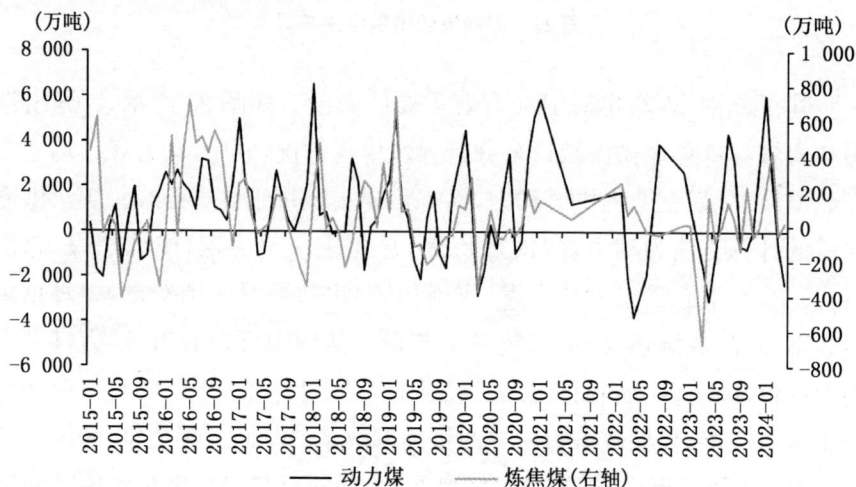

数据来源:Wind。

图 22　动力煤与炼焦煤供需缺口

其他大宗商品价格也像原油和煤炭一样对 PPI 有着重要的影响。一方面,2024 年上半年美联储联邦基金利率目标区间一直维持在 5.25%～5.5% 不变,降息的推迟对大宗商品价格形成一定的抑制;另一方面,在2024 年新一轮俄乌冲突的影响下,使得以能源、钢铁、矿产为代表的大宗商品价格不断拉高,虽然之后冲突的边际影响逐渐减弱,大宗商品价格经历了波动下降的过程,但受全球各种地缘政治冲突的影响,大宗商品价格走势仍存在许多不确定性。特别地,OPEC＋成员国的石油供应削减可能逐渐放松,信贷条件收紧可能阻碍石油或煤炭公司增加供应的能力,对化石燃料更严格的监管也可能阻碍相关投资,巴以冲突加剧的地缘政治担忧也是影响大宗商品价格的重要因素。2024 年前 5 个月大宗商品价格不断攀升,其中有色类和能源类价格不断攀升,弥补了钢铁类和矿产类价格的下降,从而导致大宗商品价格上升的趋势(见图 23)。综合考虑到基数效应、房地产市场以及国际政治经济形势等各种因素对大宗商品价格进而对 PPI 的影响,课题组预计,2024 年下半年 PPI 同比增速将保持在低位波动。

(2006年6月2日=100)

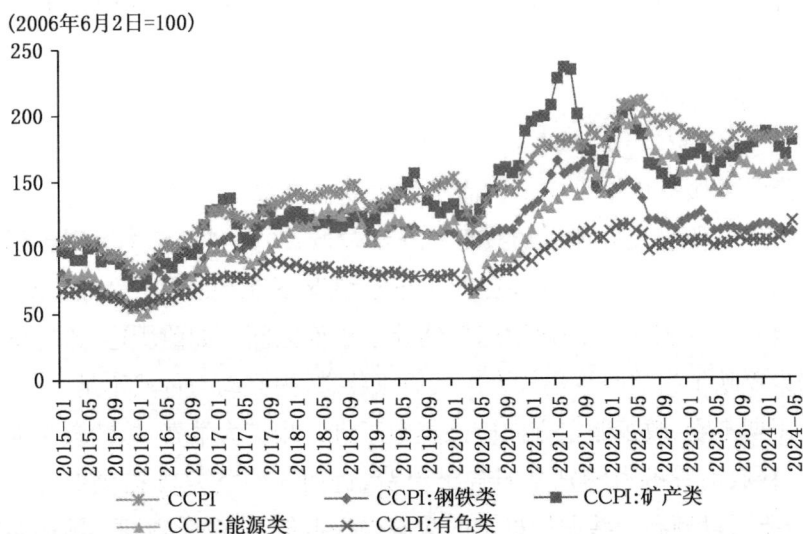

数据来源:商务预报。

图 23 中国大宗商品价格指数(CCPI)

因此,综合考虑猪周期、极端天气、国内外经济复苏、基数效应以及原油等大宗商品价格的变化趋势等各种因素的影响,课题组预计,2024 年下半年 CPI 同比增速将有所上升,PPI 同比增速继续在低位波动,GDP 平减指数同比增速也在 0 附近波动。尽管预计 2024 年下半年 CPI 同比增速将上升,但这主要是受供给端成本上升和猪周期的影响,内生增长动力依然不强,扣除食品和能源的核心 CPI 增速依然相对较低,远低于正常情况下 3% 的通胀目标,且 GDP 平减指数同比增速已连续四个季度为负值,通货紧缩压力依然存在。

通货紧缩可能通过"债务—通货紧缩"机制对经济产生严重的影响。一方面,价格下降(即通货紧缩)会降低企业营业收入;另一方面,通货紧缩(预期)也使得实际利率上升,从而企业实际债务负担加重,进而企业违约风险增加,银行更倾向于惜贷,导致企业进一步借债愈加困难,相应地,企业的投资下降、产出减少,这样企业利润势必进一步下滑。企业可能为了偿还债务而不得不降低价格出售产品,最终导致价格进一步下降(通货紧缩进一步恶化)和经济下滑,从而陷入"债务—通货紧缩"的恶性循环,债务和货币购买力的冲击,将对几乎所有其他经济变量产生严重的冲击,最终导致经济的螺旋式衰退甚至大萧条,因此要特别警惕债务通缩。

二、政策建议

产品或服务价格反映了供需平衡关系。从前面的分析可以看出,当前 CPI 和扣除食品和能源的核心 CPI 都较低,2024 年前 5 个月累计同比增速分别为 0.1% 和 0.7%,远低于正常情况下 3% 的通胀目标。此外,2024 年前 5 个月 PPI 同比增速依然处于负值区间。如前所述,这些价格数据也反映了当前经济仍未走出低通胀状态,内需动力依然不足。

短期来看,政策制定方向应该集中于进一步扩大消费,持续改善消费环境,释放消费潜力特别是服务类消费,进而为经济复苏提供助力。首先,需要通过颁布一些积极稳定的政策来提振信心、改善预期。预期会影响居民的决策,进而影响需求和投资,最终对整个经济以及社会的稳定健康发展产生重要的影响,因此,进行有效的预期管理非常重要。其次,注意需求的结构性差异,低收入家庭更关注生活必需品,高收入家庭更注重高质量商品甚至奢侈品。针对不同的群体,采用相应的刺激方法促进消费。最后,扩张信贷支持力度,通过政府举债或降低政策利率等方式刺激大家的消费需求和投资需求。

进一步从中长期来看,需要以新质生产力为重要抓手推动供给侧的高质量发展,进而满足有效需求。首先,加大研发投入,推动技术革命性突破。实现产业深度转型升级,加快新能源新技术的发展与转型,这样一方面可以降低对外依存度,有助于提高大宗商品的国际定价权;另一方面也有利于"双碳"目标的实施,改善生活环境。其次,全面深化改革,形成与之相适应的新型生产关系。一是科技体制方面,需要在充分发挥政府在组织和协调全社会力量等优势方面的同时,破除妨碍企业参与市场竞争的制度壁垒,更好地发挥市场机制在科技成果落地转化上的作用。二是深化经济体制方面,加快建设全国统一大市场,促进商品要素资源在更大范围内畅通流动,形成支撑新发展格局的基础条件。三是高标准市场体系方面,需要围绕全面完善产权保护制度、全面实施市场准入负面清单制度、全面完善公平竞争制度方面进一步加速深化改革。

总体来说,为了实现我国经济的高质量平稳健康发展,不能单靠短期的刺激,还要进行中长期的供给侧改革,需要从需求侧供给侧同时发力,从而加快经济复苏进程,推动新质生产力快速发展。

第三章

对外贸易稳中有进，
外部风险持续攀升

一、对外贸易稳步增长，外部风险依然处于高位

2024 年 1—5 月，我国进出口（美元计价）同比增长 2.8%，其中，出口同比增长 2.7%，进口同比增长 2.9%，货物贸易实现稳定增长。服务贸易总额更是实现强劲复苏。2024 年 1—4 月，服务贸易总额同比增长 13.6%，其中，服务贸易出口同比增长 8.2%，服务贸易进口同比增长 17.0%；服务贸易逆差为 844.8 亿美元，比 2023 年同期增加 205.7 亿美元。2024 年以来，考虑到复杂严峻的外贸环境和内部因素，我国对外贸易表现出色。

第一，出口"以价换量"，助力贸易平稳增长。尽管出口整体保持低速平稳增长，但若区分出口的量和价，就会发现出口依然延续了 2023 年以来的"以价换量"的特点，即出口价格指数保持低位运行，出口数量指数持续上涨。2024 年 1—5 月，出口价格指数平均仅有 94.7，而月度平均的出口数量指数却高达 112.7，出口的量价分化仍在持续。"以价换量"反映了出口面临的一系列复杂严峻的问题，包括大国博弈导致的出口产能在国家间的错配、外部贸易壁垒攀升以及出口企业利润下滑等。

第二，"一带一路"倡议等制度型开放政策取得一些成果，成为稳外贸市场的一个重要途径。2024年1—5月，我国出口动力仍然来自发展中国家。其中，与"一带一路"沿线国家进出口增速达到7.2%，占中国外贸总额的近二分之一。2022年，《区域全面经济伙伴关系协定》（RCEP）的全面实施进一步巩固了我国与亚太国家的区域贸易，使得我国与亚太地区的产业链联系更加紧密，加强了我国在亚太区域贸易的中心地位。我国与"一带一路"沿线国家的贸易联系极大地缓解了来自发达国家的贸易保护和贸易摩擦，成为稳定我国货物贸易的关键因素。此外，跨境电商等新型贸易形态对外贸增速起到支撑作用。跨境电商综合试验区是促进贸易便利化的重要制度。目前，我国跨境电商综合试验区已经达到165个，覆盖全面，呈现了蓬勃发展生机和后发展动能。

第三，外贸结构的持续优化调整。对于一些低附加值行业，如皮革制品、箱包、服装及衣着附件、鞋靴等，其出口产品的比较优势逐渐丧失，存在较为明显的产业链外迁现象，加工贸易份额不断下降。我国的低附加值产业主要转移至东南亚国家，但这一产业链转移不是全面转移，而是伴随着我国的产业转型升级，逐步将产业链延长至东南亚国家，我国企业成为越南等国企业的上游供应商，实现了出口产业的利润增值和转移升级，增强了我国与亚太区域国家的贸易联系。除此以外，我国外贸还向高端、智能化、绿色化方向转型升级，加强服务贸易和数字贸易发展。贸易结构的不断优化有效抵御了外部冲击（中美加征关税、全球供应链重塑等）对我国进出口的影响，展现了中国外贸的韧性和活力。2024年前5个月，"新三样"产品中，尽管锂电池和太阳能电池出口增速出现回调，但电动载人汽车出口增速仍然高达24%，有效拉动了出口增速。此外，船舶出口增长100.1%，家用电器出口增长17.8%，也是拉动出口增长的重要产品。但是，外部贸易壁垒将成为阻碍其持续增长的重要外部因素。2024年以来，针对中国的新能源汽车及其电池等，美国和欧盟均出台甚至落地了相关的加征关税方案，中国的"新三样"出口将面临最高100%的关税。针对中国造船业的快速发展，美国已经启动针对中国在特殊海事、物流及造船领域的301调查，甚至呼吁对中国造船舶收取入境费。因此，2024年以来我国船舶出口的迅速增长可能是市场在这一预期下的提前出口。

进口方面,国内生产需求和国际大宗商品价格仍然是影响进口增速的关键因素。尽管稳定经济的政策持续发力,国内生产有所复苏,尤其是制造业复苏势头较好。2024 年 1—5 月,工业生产稳步增长,规模以上工业增加值累计增长 6.2%,为进口增长提供支撑。但同期工业企业利润仅累计同比增长 3.4%,且呈现逐月下滑趋势,这将影响工业的长期复苏。此外,制造业投资增长 9.6%,高于总固定资产投资增速 5.6 个百分点,可见,与外贸联系密切的制造业投资也是支撑整体投资的重要因素,反映了企业对制造业和外贸部门的长期偏乐观判断。而影响进口的外部因素(如原油价格、地缘政治风险等)均在可控的区间范围内波动,并未对进口需求产生较大冲击。

2024 年 1—5 月,受上年前高后低的基数影响,我国出口和进口增速均呈现了前高后低的趋势并逐渐保持平稳,整体进出口增速保持基本稳定(见图 24)。1—5 月进出口总额为 24 643.2 亿美元,同比增长 2.8%。其中,出口总额为 14 007.6 亿美元,同比增长 2.7%;进口总额为 10 635.6 亿美元,同比增长 2.9%;顺差为 3 372.1 亿美元,比 2023 年同期增加 60.5 亿美元。出口和进口增速均较为平稳,仅在 2 月、3 月录得负值,主要原因在于上年 2 月、3 月同期相对较高的基数效应。若剔除基数效应的影响,出口和进口增速均保持低速稳定增长态势。稳定的汇率为进出口的稳定增长提供了较好的结算环境,受到人民币兑美元汇率比上年同期有所贬值的影响,以人民币计价的进出口增速略高于以美元计价的进出口增速。1—5 月进出口总额人民币值为 175 042 亿元,同比增长 6.3%。其中,出口总额为 99 502.0 亿元,同比增长 6.1%;进口总额为 75 541.0 亿元,同比增长 6.4%;顺差为 23 961 亿元,比 2023 年同期增加 1 190 亿元。国际服务贸易增速大幅回升,其中,国际服务贸易进口增速大幅高于其出口增速,导致国际服务逆差较上年同期进一步增大。国家外汇管理局的统计数据显示,2024 年 1—4 月服务贸易总额为 3 231.4 亿美元,同比增长 13.6%。其中,服务贸易出口总额为 1 193.3 亿美元,同比增长 8.2%;服务贸易进口总额为 2 038.1 亿美元,同比增长 17.0%;服务贸易逆差为 844.8 亿美元,比 2023 年同期增加 205.7 亿美元。2019 年 1—4 月国际服务贸易逆差累计为 879.5 亿美元,可见,不论是国际服务贸易逆差还是其增速,均已经基本恢复至疫情前的水平。

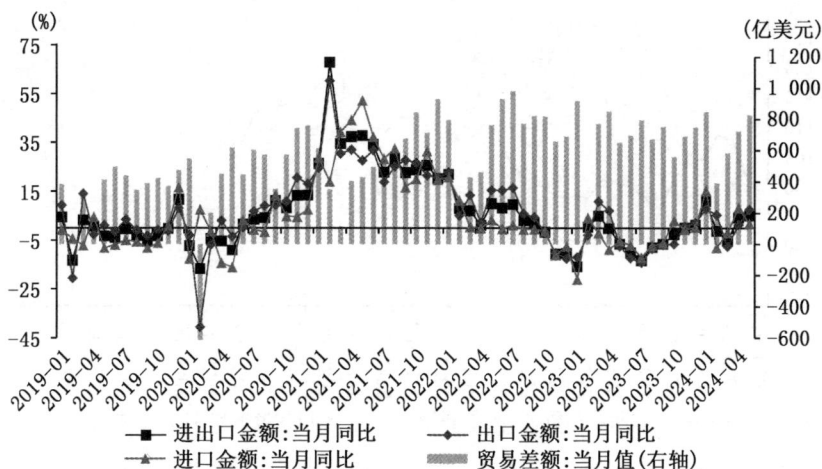

注：2021 年 2 月，出口增速高达 154.3%，为了消除该月出口增速的巨大波动性，该月当月增速数据被替换为其累计增速 60.21%。

数据来源：海关总署。

图 24　2019 年以来全国进出口增速及贸易差额变化

2024 年 1—5 月，出口价格指数和出口数量指数延续了 2023 年以来"以价换量"的特点，表现为：出口价格指数保持低位运行，出口数量指数持续上涨（见图 25）。此外，考虑到人民币对美元相对上年同期贬值 3.2%，以美元计价的出口价格将更低。尽管出口价格在 3—5 月出现小幅提升，但整体出口价格仍维持在 95 左右的低位水平，且出口价格的小幅提升主要源于上年同期较高且不断下滑的基数，剔除基数影响，出口价格基本保持平稳且呈现低位运行态势。在较低的价格刺激下，出口数量指数维持在相对较高的水平运行。其中，受 2023 年 3 月较高的基数（115.3）影响，出口数量指数骤跌至 98.7 的水平，在其他月份均保持在 110 附近运行。出口的"以价换量"反映了全球贸易市场的不景气以及中国出口产品在国家间的产能错配问题（这一问题将在第二部分展开讨论）。

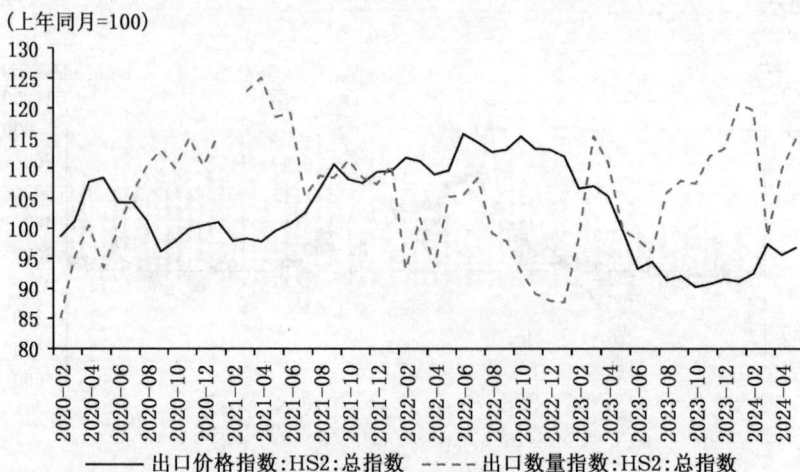

注：由于 2021 年 2 月的出口数量指数高达 244.6%，为了消除当月极高增速带来的波动性，故把 2021 年 2 月作为空值处理。

数据来源：海关总署。

图 25　2020 年以来中国出口价格指数和数量指数走势

　　分产品来看，纺织类产品的出口价格指数相对平稳，出口价格指数主要由机电产品出口价格指数带动，但第十七类车辆、航空器、船舶及运输设备的价格有明显下滑（见图 26）。其中，车辆及其零附件占据第十七类约 75% 的比重（根据 2023 年全年数据进行计算），因此，第十七类的出口价格波动基本能够保守反映中国汽车行业（尤其是新能源车）的出口价格的波动情况。2024 年以来，受美国和欧盟对中国新能源车加征关税的影响，其出口价格有所下滑。出口数量指数在不同类型的产品中表现也存在分化（见图 27）。其中，机电产品占据总出口的份额较大，主导了出口价格的走势。纺织原料及纺织制品的数量指数相对较低，反映其市场需求偏低；而第十七类车辆、航空器、船舶及运输设备的数量指数显著高于其他出口产品，围绕 130 的水平波动，显示出作为"新三样"之一的新能源车出口仍处于稳步扩张阶段。

（上年同月=100）

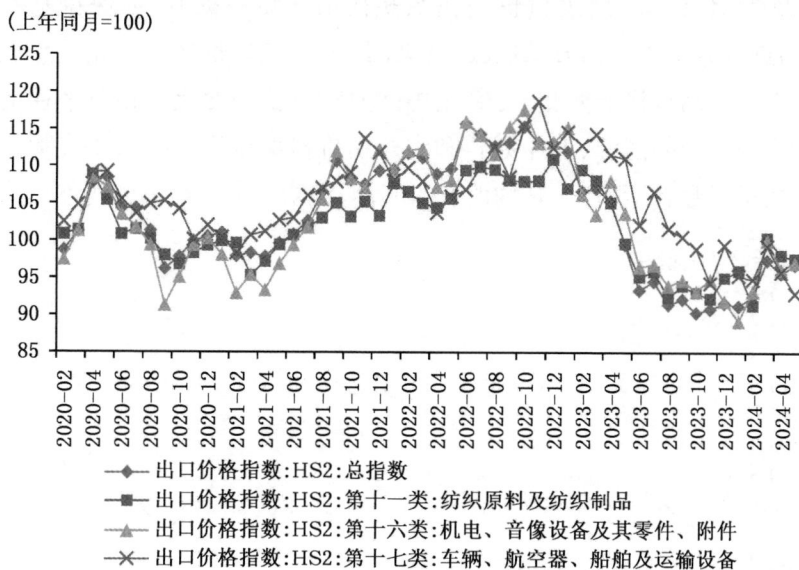

数据来源:海关总署。

图 26 2020 年以来中国出口价格指数及其主要分项走势

（上年同月=100）

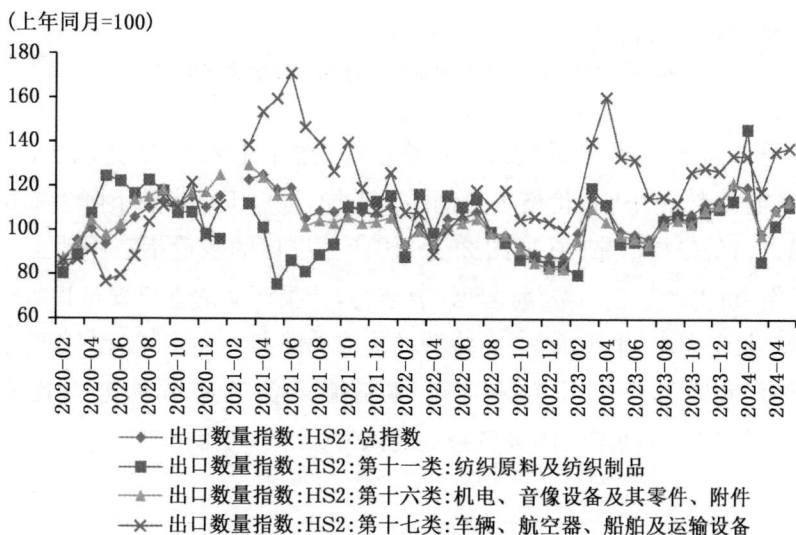

数据来源:海关总署。

图 27 2020 年以来中国出口数量指数及其主要分项走势

43

2024 年 1—5 月,进口价格指数相比上年略有提升,但保持基本稳定;而进口数量指数的波动性较大(见图 28)。进口价格的变化主要源于国际大宗商品价格的变化,尤其是国际原油价格的变化。相对平稳的进口价格为国内的能源、工业原料和农产品价格保持稳定提供了支撑。而进口数量指数有所波动,其均值有所回落,说明国内生产需求仍然乏力。

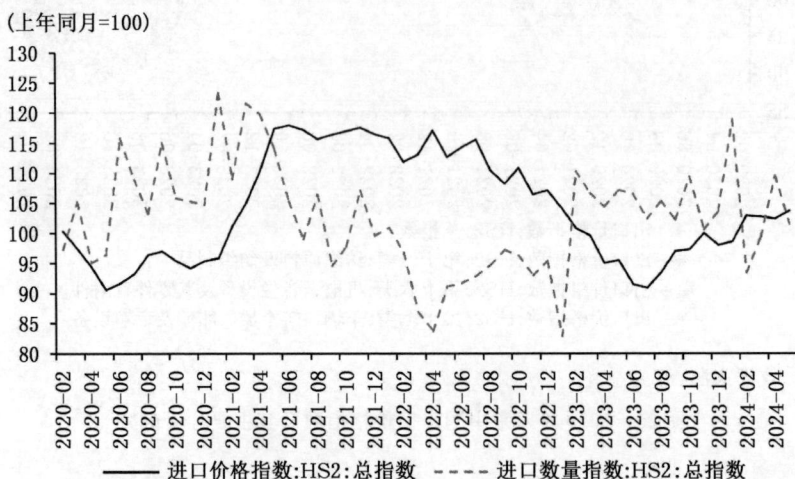

(上年同月=100)

数据来源:海关总署。

图 28　2020 年以来中国进口价格指数和数量指数走势

分产品来看,矿产品的进口价格指数仍然保持在相对较低的水平运行,机电类产品的进口价格走势则相对平稳,进口价格指数下降主要由矿产品进口价格指数带动(见图 29)。矿产品进口的数量指数相比上年有所下滑,机电产品进口数量呈现恢复态势,两类产品的进口数量指数趋于收敛(见图 30)。此外,2023 年疲弱的集成电路和半导体制造设备的进口数量有所恢复,集成电路和半导体制造设备进口占总进口比重的15.87%,有效拉动了整体进口数量的恢复(见图 31、图 32)。

(上年同月=100)

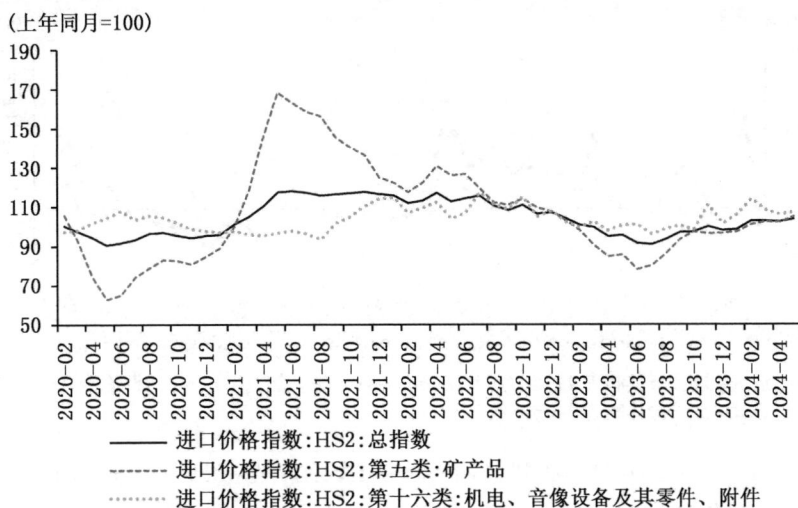

数据来源：海关总署。

图 29　2020 年以来中国进口价格指数及其主要分项走势

(上年同月=100)

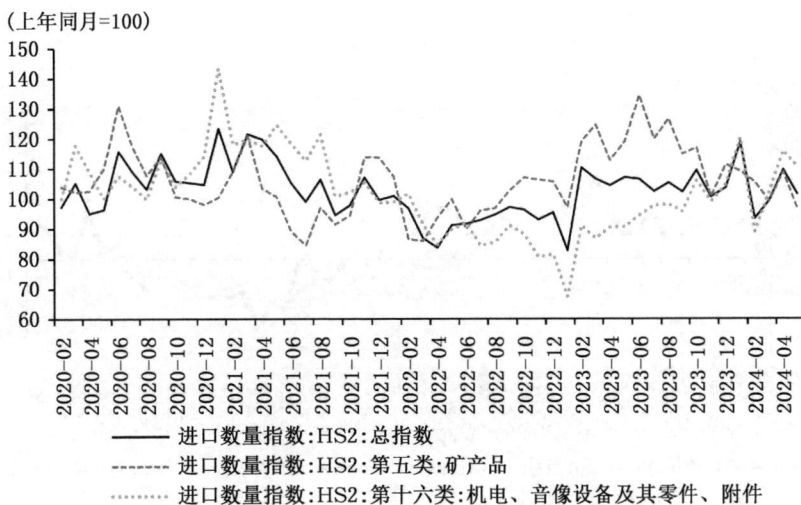

数据来源：海关总署。

图 30　2020 年以来中国进口数量指数及其主要分项走势

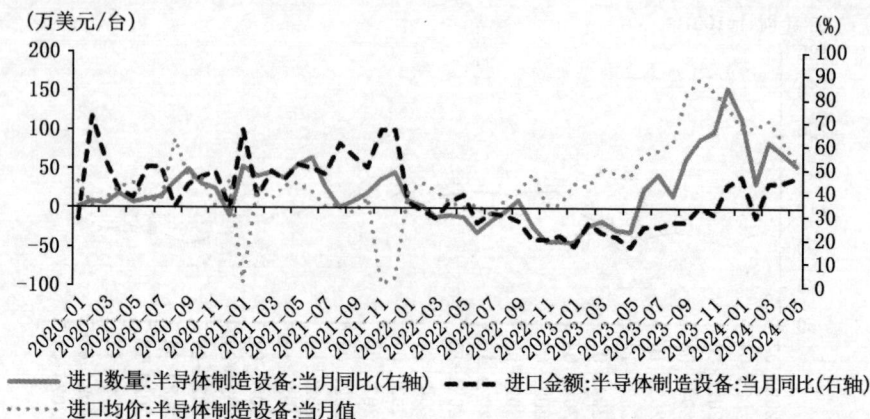

注:2021年1月、11月和12月,半导体制造设备分别出现了 4 235.1、5 169.4 和 1 762.5 的异常值,为了便于展现其短期趋势,在绘图时,作者均以 100 这一较大值代替这些异常值。

数据来源:海关总署。

图 31　2020 年以来中国进口半导体设备的情况

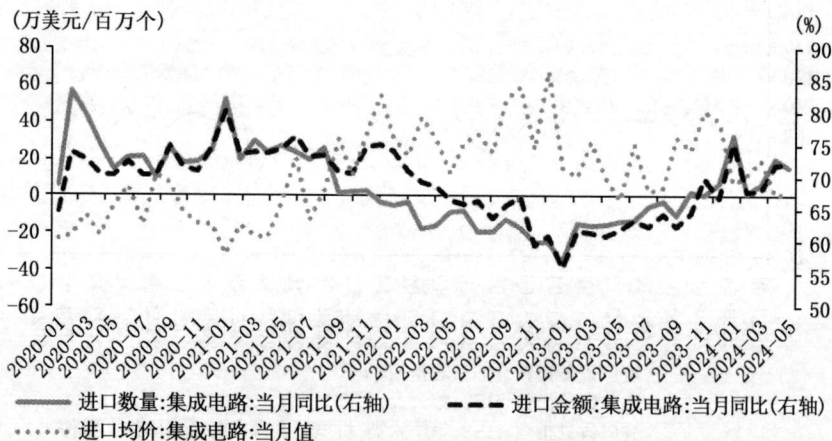

数据来源:海关总署。

图 32　2020 年以来中国进口集成电路的情况

　　分贸易方式来看,自2020年以来,无论是出口还是进口,一般贸易增速持续高于加工贸易增速,经历了三年的大幅调整时期(见图33、图34)。正如课题组一直强调的,中国出口结构不断调整以适应不断变化的国际贸易环境,随着中国出口规模的不断扩张和国内外多种冲击的影响,中国的贸易产业链在不断转型升级,加工贸易两头在外,产业链相对一般贸易更长、国内附加值更低,加工贸易产品对贸易成本变化的敏感性更高,不稳定性也更高。同时,加工贸易较低的国内附加值也导致其竞争优势不断下降。因此,在贸易结构调整的过程中,附加值相对较低的加工贸易逐渐转移至东南亚国家及其他国家,仅有部分核心环节和较高附加值的环节仍然保留在国内。海关统计数据显示,加工贸易出口占比已经从2011年的44％下降至2023年的20.7％,加工贸易进口占比已经从2011年的27％下降至2023年的15％。2024年以来,尽管一般贸易和加工贸易的分化仍然存在,但两者的差距有所收窄。

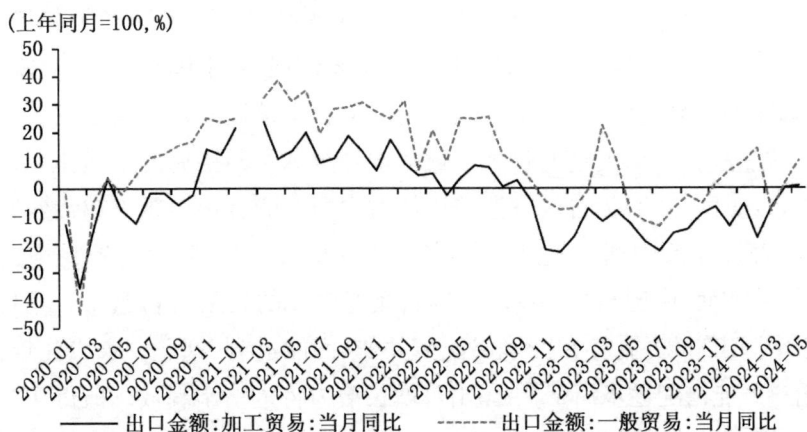

(上年同月=100,%)

━━━ 出口金额:加工贸易:当月同比　　------- 出口金额:一般贸易:当月同比

　　注:2021年2月,加工贸易出口增速和一般贸易出口增速出现高达93.2％和196.4％的异常值,为了更好地展示短期趋势,本报告把这两个异常值均作空值处理。

　　数据来源:海关总署。

图33　2020年以来中国不同贸易方式出口增速

(上年同月=100,%)

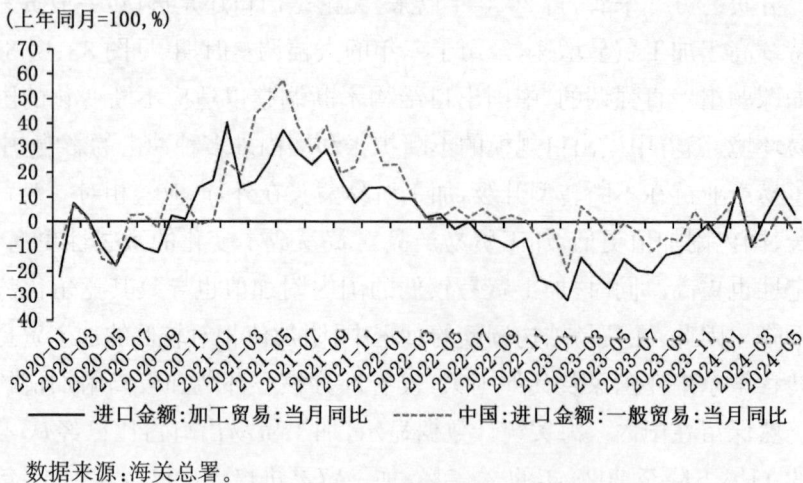

数据来源:海关总署。

图 34　2020 年以来中国不同贸易方式进口增速

　　分地区来看,2024 年 1—5 月,中国与主要贸易伙伴国(地区)的贸易增速延续了上年以来的分化趋势,且这一趋势将逐渐演变为长期趋势(见图 35、图 36)。分地区贸易的趋势分化主要体现为:中国与美国、欧盟、日本、韩国的贸易有所下降,而中国贸易的动力引擎逐渐转向其他发展中国家。这一趋势是后疫情时代大国博弈主导全球贸易格局的必然体现。一方面,以美国、欧盟为首的发达经济体对中国产能表现出越来越强烈的不信任,直接导致中国与发达经济体及其盟友(日本、韩国)的贸易增速下滑;另一方面,中国与"一带一路"等新兴经济体的贸易日益紧密。尤其是对于中国出口供给,存在产能错配但并非"产能过剩"问题。未来几年,随着出口产能错配逐步纠正,中国出口增长潜力将进一步释放。值得注意的是,尽管出口动力逐渐转向发展中国家,但是中国对发展中国家的出口也面临较大的波动性。由于 2023 年中国对俄罗斯出口大幅增长,因此 2024 年中国对俄罗斯出口增速将受到上年高基数的拖累。疫情以来,南非经济不仅面临高失业率、高通胀、高债务与低增长,还面临非常严峻的电力危机等社会问题,这极大地抑制了南非的国内需求,并导致中国对南非出口持续下滑。尽管如此,中国对东南亚、巴西的出口仍然保持较高增速。

　　进口方面,"一带一路"等一些发展中国家仍然是稳定进口的重要来源,而中国从美国、日本、欧盟等发达国家的进口则拖累了整体进口增速。相比 2023 年全年,2024 年以来,中国从发展中国家的进口呈现普遍上涨态势。其中,中国从俄罗斯的进口主要源于石油、天然气等能源产品和部分农产品,中国从南非的进口主要源于铁矿石等矿产品和玉米等农产品。但能源价格和农产品价格均具有较高的波动性,除去价格波动外,中国从一些发展中国家或地区的进口数量也有所恢复,反映了中国进口需求的结构性改善。2023 年,中美大国博弈对亚太区域的贸易产生负面影响,导致中国从韩国、日本、中国台湾的进口出现大幅下跌。2024 年 1—5月,中国从韩国、中国台湾的进口较 2023 年有所恢复,但仍未恢复至2022 年的水平。

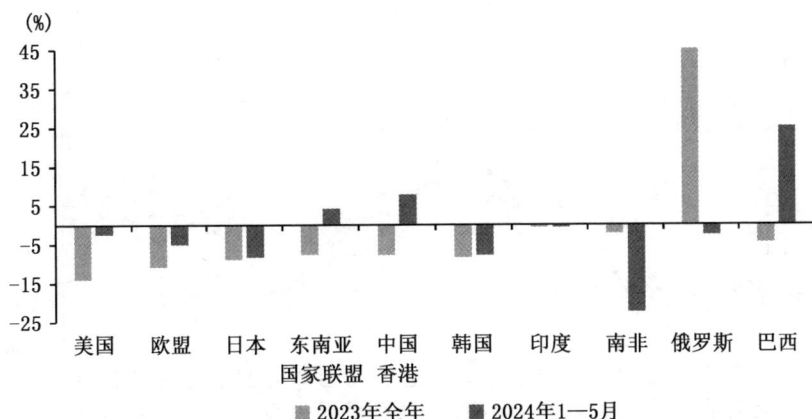

数据来源:海关总署。

图 35　中国对主要出口国(地区)的贸易增速

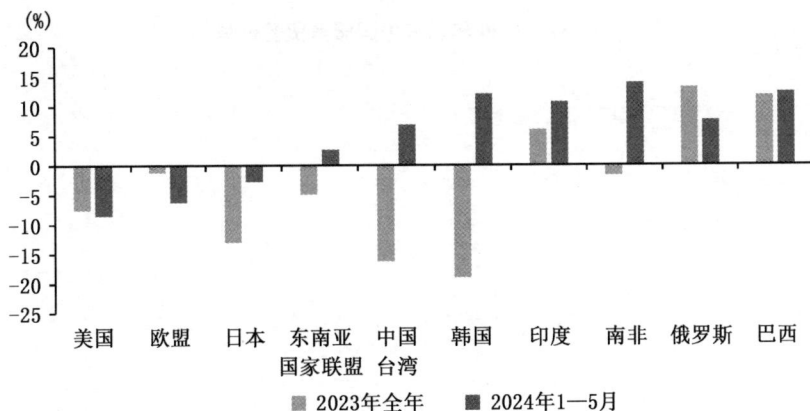

数据来源:海关总署。

图 36　中国对主要进口国(地区)的贸易增速

2024 年 1—4 月,中国服务贸易强劲复苏,且服务贸易进口增速高于出口增速,服务贸易逆差较上年同期继续扩大(见图 37)。服务贸易逆差的行业来源保持稳定,主要是旅行、运输、知识产权使用费、保险和养老服务 4 个行业,以旅行为主(见图 38)。2024 年 1—4 月,服务贸易逆差844.8 亿美元,其中,旅行逆差 728.1 亿美元,是拉动服务贸易逆差迅速增长的主要来源。而电信、计算机和信息服务以及其他商业服务的贸易顺差稳定增长,是服务贸易逆差持续缩小的主要原因,也体现了中国服务贸易结构不断优化。

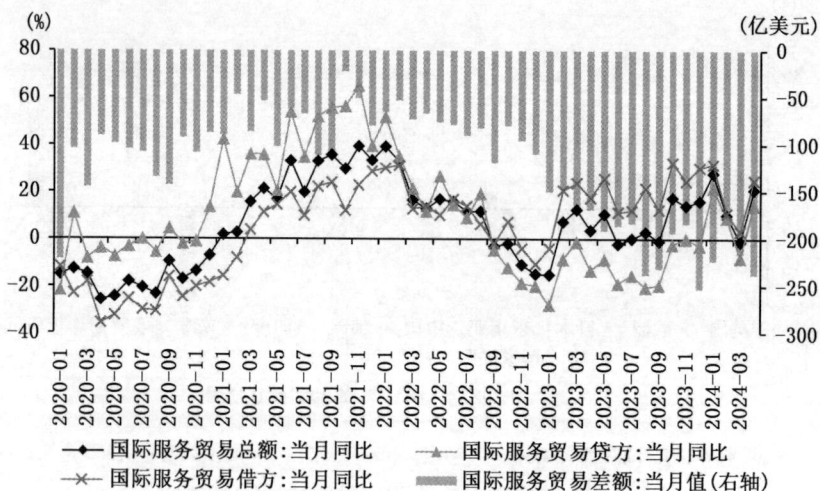

数据来源:国家外汇管理局。

图 37   2020 年以来中国服务贸易走势

（亿美元）

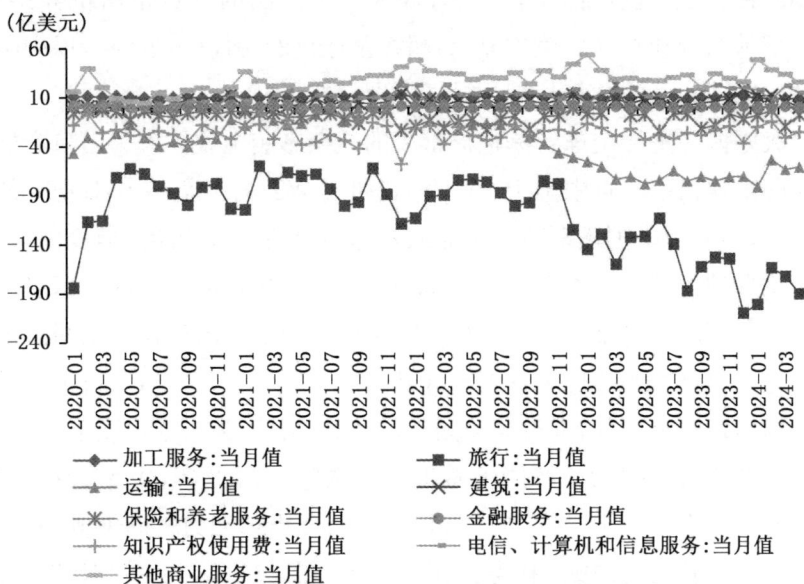

数据来源：国家外汇管理局。

图38　2020年以来中国主要行业服务贸易差额变化

二、对外贸易面临的风险点

（一）大国博弈环境下，出口产能错配，出口风险增加

正如课题组一直强调的，新冠疫情大流行凸显了全球生产的脆弱性，欧美国家更加重视产业链安全和产能，中国的巨大产能优势[①]和俄乌冲突僵持加深了美国、欧盟对中国供应链的不信任，全球贸易结构仍处于区域化、安全化和友邦化的深度调整过程中。从市场结构来看，过去迅猛发展的全球化分工造成了当前集中度较高的寡头市场结构，为各国在经济领域的博弈提供了市场基础。根据工业和信息化部的统计数据，2023年，中国制造业增加值占全球比重超过30%，连续14年位居全球第一。

[①]　中国凭借前期的防控优势和供应链产能优势，从新冠大流行的前期和中期获得短期收益。2020年和2021年，中国出口占世界出口市场份额分别大幅提升1.53和0.35个百分点。长期来看，欧美各国对中国的产能保持警惕，并在供应链上去中国化。

在 500 种主要工业产品中,中国有四成以上产品的产量位居世界第一。全球贸易结构和贸易环境均显示:超级全球化的时代已经终结,以中美为主的大国博弈已经并将长期主导国际贸易格局。

大国博弈主导全球贸易格局带来的短期影响主要体现为出口产能在国家间出现错配。自中国于 2001 年底加入 WTO 之后,在相对稳定的国际环境影响下,中国逐渐建立了面向发达国家的出口产能。但疫情以来,中美主导的大国博弈逐渐主导全球贸易格局,中国面临着越来越多的来自发达国家的贸易壁垒,并导致 2023 年以来的中国出口在国家间出现分化。这一分化主要体现为:中美大国博弈主导了出口需求,来自美国及其友邦的出口需求下降,来自非美国阵营(俄罗斯等)的需求出现上涨,而长期适应欧美市场的出口产能未做出及时调整。2023 年,中美、中韩和中日贸易额分别下降 11.6%、13.5% 和 10.7%,出口动力转向俄罗斯、东盟等"一带一路"沿线国家,中俄贸易额大幅上涨 26.3%。一方面,以美国、欧盟为首的发达经济体对中国产能表现出越来越强烈的不信任,直接导致中国与发达经济体及其盟友的贸易增速下滑;另一方面,中国与"一带一路"等新兴经济体的贸易日益紧密。尤其是对于中国出口供给,存在产能错配但并非"产能过剩"的问题。未来几年,随着出口产能错配逐步纠正,中国出口增长潜力将进一步释放。

大国博弈导致的全球供应链区域化、友邦化和本土化,是造成中国出口产能在国家间错配的另一个重要因素。作为全球货物贸易第一大国,区域化和友邦化意味着较多的贸易将逐渐从中国转移出去。尤其是对于更有可能多次跨越国境的中间品贸易而言,这些产品的上下游联系较强,更可能存在主导企业,而在面临巨大的大国博弈风险的情况下,会有越来越多的主导企业发起产业链转移,尤其是把产业链转移出中国,从而规避中美博弈的政策风险以及产业过度集中的脆弱性风险。此外,本土化意味着全球生产更加往最终消费市场聚集,也将消灭部分最终品的贸易。因此,大国博弈将同时削弱中间品和最终品贸易,导致中国对外贸易的进一步萎缩。

全球贸易保护已经常态化和复杂化,甚至成为政治对抗的工具,并使得国际政治、经济环境呈现较高的风险和不确定性。风险和不确定性不仅损害存量贸易,也将对企业数量、产品数量以及贸易伙伴数量产生不利影响,阻碍出口的包容性增长。更为重要的是,持续的逆全球化浪潮、政治冲突以及新冠疫情等突发事件均凸显了全球化生产的脆弱性,在大国博弈环境下,各国更加注重产业链和供应链的安全性、完整性以及产能,全球产业链和供应链仍处于多元化、区域化和友邦化的调整进程中,中国外贸同时面临需求收缩和供应链外移的风险。

大国博弈主导全球贸易格局还将推高贸易风险,并带来长期影响。第一,经济效率不再优先,对全球产业链、供应链演变方向的预判应基于博弈思维,不能再以市场规律为主导。尽管中美关系仍将出现阶段性缓和,但是中美竞争和博弈将主导长期趋势。美国正试图通过地缘政治、经济利益等多种途径,将更多系统重要性国家置身于中美博弈中,以全面遏制中国。2023 年以来,美国有意与其他国家加深合作,与欧盟签订《跨大西洋贸易协定》《关键矿产协议》等,与日本签订《日美贸易协定》,削减美国与其他国家的贸易壁垒并加强合作,以对冲中美经贸脱钩风险,并减少其在关键产业链上对中国的依赖。除了瞄准全球价值链以外,美国更试图通过《印太经济框架》(IPEF)等协议破坏中国与东南亚、日本、韩国等亚太国家的产业链联系,以打压中国在亚太区域产业链的中心地位和参与度。在此影响下,全球最大的晶圆代工厂台积电选择在美国和日本建立工厂(尽管台积电在美国的制造成本比在中国台湾高 50％左右),以规避中美博弈风险。跨国决策已经从成本—收益的市场决策转向博弈视角下的策略决策问题,大国博弈风险已取代市场因素,成为决定国际资源配置的关键因素。中国已经面临持续的产业转移,全球贸易也将持续萎缩。第二,绝大多数贸易品均已暴露在极高的中美博弈风险和不确定性环境中。2022 年以来,美国不仅强调供应链安全,也同样看中就业和产能,所有行业都将成为中美博弈的战场。对于战略竞争行业(如芯片、新能源汽车产业、先进制造和关键材料、生物医药、基础技术等),美国正以出口管制、补贴、禁运等方式试图把中国排除在其供应链之外,战略竞争行业的供应链面临中断风险;对于其他行业,美国正通过维持较高的中美双边关税和产业刺激计划,引导附加值较低的企业将供应链转移出中国,非战略竞争行业面临供应链转移风险。以上存在供应链中断风险和转移风险的行业覆盖了中美约 65％的贸易额,其余行业也通过行业间的上下游关联受到间接影响,中国面临着全行业范围内的供应链调整风险。第三,大国博弈思维也已经影响到最敏锐的跨国决策。例如,巴菲特减仓中国增持日本、摩根大通等高度依赖中国市场的跨国企业继续对华销售并扩展在华业务等。这些事件标志着以成本—收益分析为主的市场决策已经不是理性市场主体的最优选择,而更加适合博弈环境的策略型决策将越来越多,这也导致"黑天鹅事件"频发。同时,大国博弈风险将逐步取代市场因素,成为决定国际资源配置的关键因素。

(二)全球贸易成本仍处于上升通道

第一,运输成本持续上升。自 2023 年 12 月红海冲突爆发以来,中国集装箱运价指数大幅上涨,目前已经远远高出 2023 年的水平(见图 39)。其中,欧线指数受红海危机的影响最大,中欧贸易将受到较大影响。目前,INE 集运指数(欧线)期货的收盘价和结算价均处于持续上升过程中,课题组预计,2024 年集装箱运价将处于较高位置,高昂的国际运价将削弱国际贸易活力。

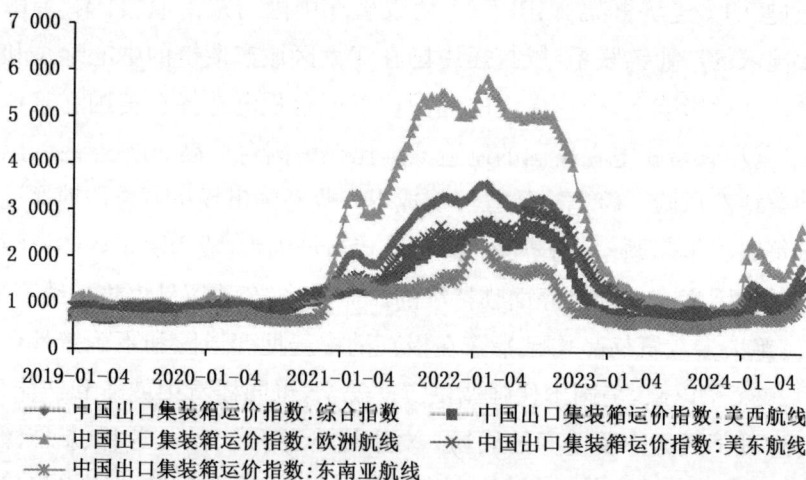

数据来源:交通运输部。

图 39 中国出口集装箱运价指数:主要航线

第二,国际贸易保护呈现上升态势,关税壁垒和非关税壁垒高企。持续的逆全球化浪潮和政治冲突等负面因素导致当前大国博弈主导的全球贸易格局。在这一背景下,中国面临着越来越多的贸易壁垒,国际贸易面临的外部环境不确定性也将持续上升。2024年5月，美国在延续以往对华高关税的基础上，宣布将针对中国的新能源（电动汽车、锂电池、光伏产品等）、半导体、医疗、钢铁等产品加征25%～100%不等的关税，其中，自2024年8月开始，美国对电动汽车、动力电池和光伏组件"新三样"产品加征关税，届时，电动汽车的总税率将达到102.5%。此外，美国进一步收紧对华半导体管制，把对中国出口芯片的限制进一步扩展到包含相关被限制芯片的笔记本电脑，并把多家中国实体企业列入其出口管制"实体清单"。2024年4月，墨西哥提高了涉及钢铝、纺织品和服装、鞋类、木材等产品的最惠国关税，墨西哥是中国重要的发展中国家市场，中国出口墨西哥的相关产品将受到影响。同时，欧盟也计划于7月初对从中国进口的电动汽车征收17.4%～38.1%不等的临时反补贴税，尽管中欧双方仍有谈判空间，但欧盟对中国电动汽车的排斥将是长期的。除关税以外，美国、欧盟还强化了对来自中国的投资审查等非关税壁垒。

第三，全球经济虽有所好转，但仍面临较多的风险和不确定性。一是全球经济下行风险。根据国际货币基金组织（IMF）2024年4月发布的《世界经济展望》，2024年全球经济增长速度仅与2023年持平，反映了全球经济增长动能仍然偏弱。较多经济体的经济增长速度甚至出现下滑，包括美国、日本、澳大利亚、俄罗斯、墨西哥、巴西等较多中国的重要贸易伙伴。二是全球政治风险。2024年是全球大选年，而大选年往往伴随着较多的贸易保护措施。同时，大选年也意味着政治环境具有极高的不确定性，并与贸易环境的不确定性叠加，导致贸易活动受阻。三是全球贸易增速下滑风险。当前情况下，贸易活动已经形成全球产业链，导致全球各国的贸易联动性较强。因此，2024年以来，中国出口的增长在很大程度上是全球货物贸易强劲增长的结果。2024年，全球货物贸易出口出现较大幅度改善，尤其是美国、日本、韩国、印度、越南、墨西哥等国家的出口增速超过中国（见图40）。但这一轮贸易复苏得益于经济基本面的稳定、能源价格稳定以及2023年较低的增长基数[①]，尤其是2023年较低的基数，因此，随着基数效应的逐月减退，全球贸易增速或将出现回调。

---

① 2023年，美国、日本、韩国、印度、越南和墨西哥等国家的出口增速分别为−1.4%、4.2%、−13.7%、−4.6%、−10.9%和4.2%。

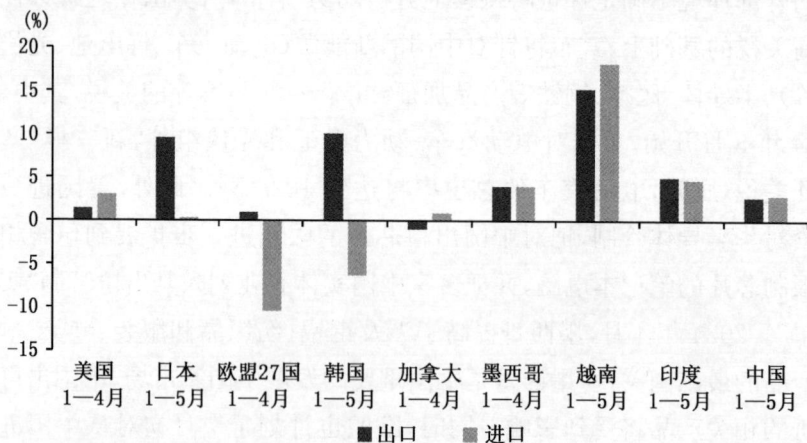

数据来源:各国统计部门。

图 40　2024 年世界主要经济体的进出口增速

第四,地缘政治冲击贸易结构。俄乌冲突和巴以冲突继续存在,不仅导致途经地中海的国际航线运力和运价受到影响,也导致各国在地缘政治冲突中无法独善其身。地缘政治关系必然对贸易关系产生影响。当前,中美双边贸易和投资限制在一些关键领域呈现不断加大的趋势。虽然中美双方全方位的"脱钩断链"仍不太可能发生,但双边政治经贸关系恶化给不同的企业带来不同的影响——战略和高科技行业面临愈发升高的政治风险,而低敏感性行业受到的影响则相对有限。疫情和地缘政治冲突使欧盟更加注重产业链的安全性,欧盟开始推行产业链本土化政策,并加强对关键产业链的保护,中欧双边贸易结构有所调整,贸易总额受到较大冲击。

(三)欧盟更加积极地寻求"对华去风险"

疫情结束后,欧盟开始实施其"对华去风险"战略。欧盟的"对华去风险"战略主要源于三个原因。第一,削减对华贸易逆差。2020 年之前,欧中之间贸易逆差保持相对平稳。欧中贸易逆差主要集中在电信设备、数据处理器、电器套件以及纺织服装等劳动密集行业。但 2021 年后,欧中贸易逆差持续扩大。根据欧盟统计①,2020—2022 年,欧中贸易逆差分别约为 1 810 亿、2 490 亿和 4 320 亿欧元。尽管 2023 年欧中贸易逆差较 2022 年有所下降,但仍远高于 2019 年水平。欧中贸易逆差持续扩大的主要原因有:2021 年以来,俄乌冲突加剧了欧洲能源危机,损害其能源依赖型产业的竞争力,根据中国海关总署的统计数据,2019—2023 年石油相关产品②的逆差增幅达 163 亿美元,占货物逆差总增幅的 23.37%;此外,欧盟在芯片等高科技行业对中国实施出口限制,进一步加剧了贸易逆差。本质上,欧中贸易逆差是由市场规律和外部环境所导致,难以通过贸易保护措施进行改善。第二,减少对华贸易依赖。疫情和地缘政治冲突使欧盟更加注重产业链的安全性,欧盟开始推行产业链本土化政策,并加强对其关键产业链的保护,"去风险"已成为欧盟对华经济政策的核心。2020 年以来,欧盟先后数次对中国电动汽车及相关材料发起反补贴、反倾销调查等,对关键技术、基础设施领域加强外资安全审查,对军民两用技术进行出口管制等。这些措施不仅阻碍了双方正常的经贸合作和技术交流,也无助于增强其产业链韧性。第三,产业链外流,产业竞争力和完整性受到挑战。欧盟区域产业链面临"内忧外患"。一方面,欧美产业结构相近、竞争性强,美国加息及其密集的产业补贴计划导致欧盟部分产业流向美国,主要集中在新能源行业。此外,生物医药以及高端制造等行业也面临向美国转移的风险。另一方面,欧盟营商环境恶化。根据中国国际贸易促进委员会发布的《欧盟营商环境报告 2022/2023》,2022 年,欧盟市场进入壁垒增多增高、行政干预增加、企业规制加码,导致其营商环境评价从 2019 年的 73 分降至 2022 年的 64 分,阻碍了外国资本进入。2022 年,中国对欧盟投资总量仅占中国全年对外投资的 10.2%,为过去 10 年最低点。此外,受俄乌冲突、罢工等事件影响,能源价格居高不下,经营成本上升。据德国《商报》报道,欧洲天然气价格一度接近美国天然气价格的 8 倍。

实际上,中欧产业链高度互补,且中国在欧盟供应链中占据重要地

---

① 数据来源:https://ec. europa. eu/eurostat/data/database。贸易逆差包含货物贸易逆差和服务贸易逆差;其中,货物贸易逆差占比近九成。

② 石油相关产品包括:矿物燃料、矿物油及其产品、沥青等,有机化学品,塑料及其制品,橡胶及其制品。

位,欧洲本土未形成可替代中国的产业链,盲目"对华去风险"将推高其贸易成本,加剧内部通胀,并进一步拉大贸易逆差。2022 年,欧盟对华进口中,中间品占比达 45.6%,体现了较强的互补性。从产品种类来看,欧盟进口 3 423 种(HS-6 为编码产品)中间品中,从中国进口产品种类占比超过 30%。更为严格的外资审查和限制性贸易壁垒阻碍了中国的正常贸易和投资,不利于其本土产业链做大做强。中国制造业"大而全"且正处于"走出去"的进程中,吸引中国资本对欧洲建设本土供应链至关重要。但严格的资本审查和恶化的欧盟营商环境阻碍了这一进程。出现这些问题的根本原因在于:"去风险"并不等于"去中国化","去中国化"也未必能够实现"去风险"目标。

针对"对华去风险",中国可以做出一些积极应对。第一,鼓励企业改变投资方式,以绿地投资取代并购,融入欧盟供应链体系的同时,降低欧方对技术流出风险的担忧。第二,积极敦促欧方恢复《中欧全面投资协定》的批准程序,推进欧盟在汽车、芯片、新能源、生物医药等行业的公平环境建设,放松对华歧视,为中国企业在欧盟市场争取公平竞争的营商环境,助力欧盟增强其产业链韧性。第三,考虑到欧盟本土对中国部分产业链的顾虑,可以鼓励中欧在第三方国家开展三方战略合作,利用中国供应链优势,助力欧盟实现产业链的区域化、完整化和安全化。同时,第三方国家作为中欧经贸缓冲带,有助于增强中欧经贸合作的韧性。

(四)内部需求仍将成为制约进口增速的关键因素

2023 年进入后疫情时代,国家出台各种稳增长政策,市场信心逐渐恢复,新旧动能持续转换,国内经济运行稳中向好,但仍然面临较多问题。第一,内部需求不足,制约消费和投资增速。2024 年 1—5 月,在消费品以旧换新和大规模设备更新的政策鼓励下,社会消费品零售总额和固定资产投资仅分别同比增长 4.1% 和 4.0%,低于上年同期水平,且其环比仍处于回落过程中。严峻的就业形势和企业盈利下降是导致内需不足的根本原因。第二,尽管工业生产稳步回升,但工业企业利润仍然偏低。1—5 月工业生产稳步增长,达到 6.2%,但工业企业利润仅累计同比增长 3.4%,且呈现逐月下滑趋势;并且工业企业利润的回升有可能是企业主动去库存周期的结果。第三,房地产市场调整,固定资产投资下行。1—5

月全国房地产开发投资 40 632.4 亿元，同比大幅下降 10.1%。作为国民支柱行业的房地产业处于下行周期并面临较高债务，使得经济活动景气度下滑，极大制约了国内需求。此外，房地产下行以及与房地产有关的债务问题也极易引发债务风险和金融系统性风险，拖累经济增长。

第四章

货币政策：总量与结构并进
储备充足稳汇率

一、货币政策总体特征：稳健、可持续、防空转

货币供应方面，截至 2024 年 5 月，M2 余额 301.85 万亿元，同比增长 7.0%，比上年同期下降 4.6 个百分点；M1 余额 64.68 万亿元，同比下降 4.2%，比上年同期下降 8.9 个百分点。从趋势来看，M2 增速保持在 10% 以下，增速持续放缓；M1 增速同样维持下降趋势，增速回落明显，2024 年 4 月，M1 增速继 2022 年 1 月同比下降 1.9% 之后再次实现负增长（见图 41）。2024 年以来，M2 和人民币贷款投放总体放缓，目前 M2 余额超过 300 万亿元，是过去多年金融实体经济发展的反映。当前，我国经济结构调整正在加快推进，经济更加轻型化，信贷需求有所转弱，未来政策调控方向会更加注重盘活存量资金，提高资金使用效率。

从 M2 的各来源结构看，如图 42 所示，截至 2024 年 5 月，存款性公司对非金融部门的债权同比增加 8.4%，这反映了经济转型时期金融系统对实体经济支持力度的增大；对其他金融部门的债权同比增加 0.4%，相对较低的增长速度反映了金融系统流动性稳中有进。作为 M2 的重要组成部分，本外币存款余额 299.18 万亿元，同比增长 6.5%，人民币存款

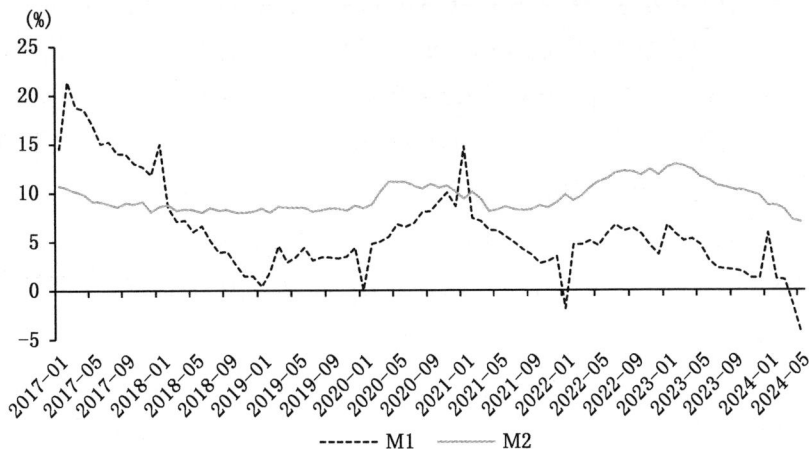

数据来源:中国人民银行。

图 41　货币供应各项增速

余额 293.26 万亿元,同比增长 6.7％,外币存款余额 8 323 亿美元,同比下降 2.3％。2024 年 1—5 月,人民币存款累计新增 9 万亿元,其中,住户存款增加 7.13 万亿元,非金融企业存款减少 2.45 万亿元,财政性存款减少 5 759 亿元,非银行业金融机构存款增加 2.39 万亿元。外币存款累计新增 344 亿美元。

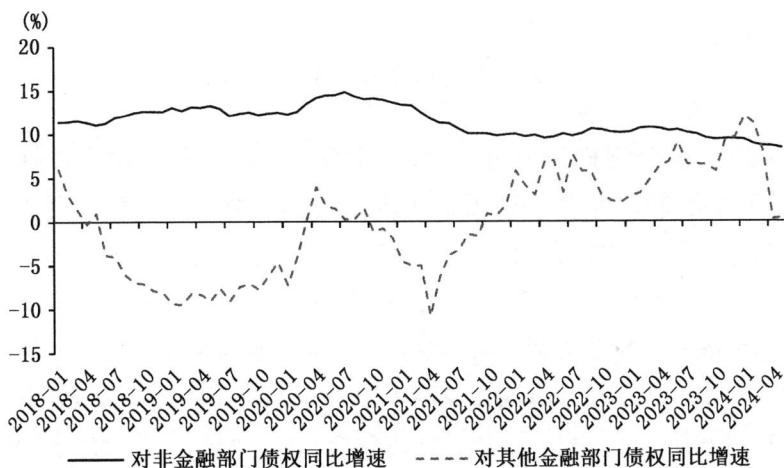

数据来源:中国人民银行。

图 42　存款性公司概况(部分)

社会融资方面,在我国经济结构调整、转型升级加快推进的大背景下,稳健、可持续的货币政策和积极的财政政策持续发力,为实体经济提供了有力的金融支持。从社会融资规模存量的增速来看,截至 2024 年 5 月,社会融资规模存量为 391.93 万亿元,同比增加 8.4%,比 4 月增加 2 万亿元,比上年同期增加 0.6 个百分点,较 M2 增速高 1.4 个百分点(见图 43)。社会融资增长中,表内信贷是主要支撑,人民币贷款、企业债券融资和地方政府专项债券融资占比较高,同比增速分别为 8.9%、1.9% 和 14.7%。

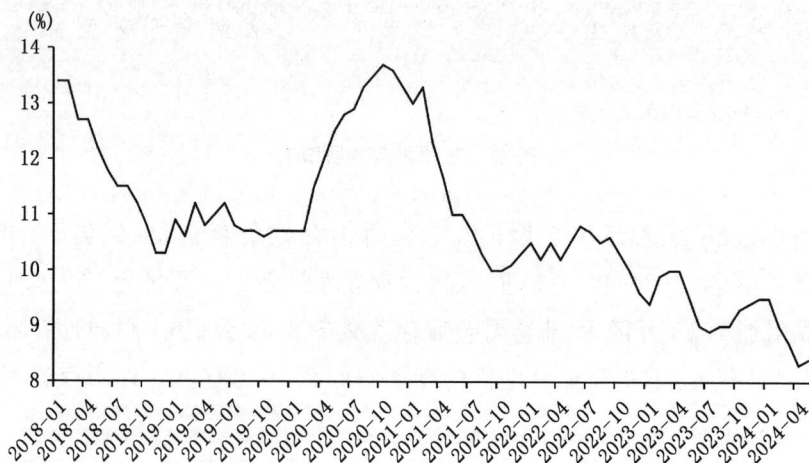

数据来源:中国人民银行。

图 43　社会融资规模存量同比增速

从社会融资规模的增量来看,2024 年 1—5 月,社会融资累计新增 14.8 万亿元,同比少增 2.52 万亿元,同比增速 −14.5%。1—5 月人民币贷款累计增加 10.26 万亿元,同比少增 2.1 万亿元,同比增速 −16.0%,约占社会融资规模的 69.3%,人民币信贷在社会融资中起主导作用。

非金融企业贷款方面,2024 年 1—5 月,非金融企业及机关团体的贷款累计新增 9.37 万亿元,同比少增 1.16 万亿元。其中,非金融企业的中长期贷款增加 7.11 万亿元,累计同比少增 1.01 万亿元;非金融企业的短期贷款增加 2.44 万亿元,累计同比少增 6 551 亿元;票据融资减少 3 047 亿元,累计同比增加 5 056 亿元。非金融企业的贷款同比降低,一方面反映了实体经济的需求有所减弱;另一方面,体现了可持续、防空转的货币政策,贷款投放有所放缓,为未来货币政策留有空间。

居民贷款方面,2024 年 1—5 月,居民户的贷款累计新增 8 891 亿元,同比少增 9 470 亿元。其中,居民户的中长期贷款新增 8 598 亿元,累计同比少增 1 372 亿元;居民户的短期贷款新增 293 亿元,累计同比少增 8 093 亿元。居民贷款少增,一方面可能源于房地产市场调整导致购房需求下降,贷款需求也有所减少;另一方面,由于各地正在出台"以旧换新"政策,造成汽车、家电等耐用消费品需求延迟释放。

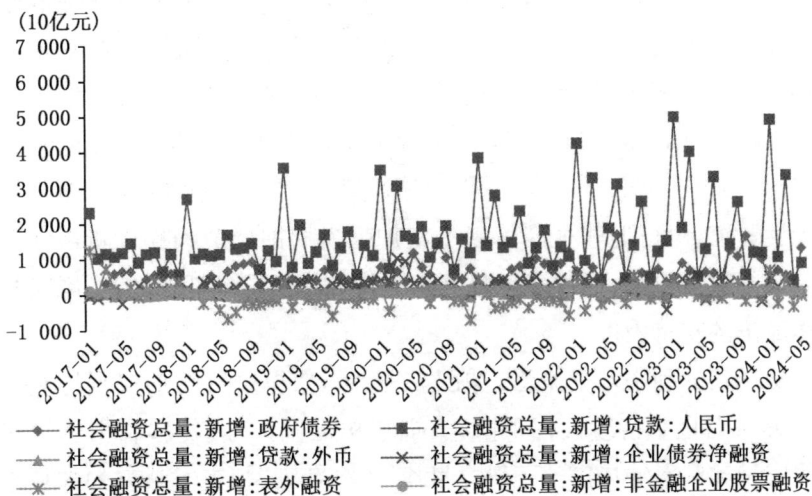

数据来源:中国人民银行。

图 44　社会融资结构

其他间接融资方面,截至 2024 年 5 月,对实体经济发放的外币贷款折合人民币累计减少 487 亿元,同比下降 149 亿元。而表外融资方面,委托贷款延续下降趋势,信托贷款小幅回升,未贴现银行承兑汇票规模震荡上行。2024 年前 5 个月表外融资累计增加 1 118 亿元,同比减少 1 609 亿元。表外融资规模虽然仍明显增加,但与上年相比已大幅减少。分项来看,截至 5 月,未贴现的银行承兑汇票累计减少 1 330 亿元,同比增加 465 亿元;委托贷款累计减少 9 亿元,同比减少 44 亿元;信托贷款累计增加 224 亿元,同比减少 79 亿元。

直接融资方面,2024 年前 5 个月,企业债券净融资累计增加 1.20 万亿元,同比多增 2 519 亿元,约占社会融资总量的 8.1%。政府债券融资累计增加 2.5 万亿元,同比少增 0.35 万亿元,约占社会融资总量的 16.9%。股票融资方面,前 5 个月非金融企业股票融资累计增加 1 060 亿元,同比少增 3 535 亿元,约占社会融资总量的 0.7%。

综上所述,2024 年前 5 个月,M2 增速明显下滑,融资需求回落,社会融资总额存量增速较慢。在流动性投放方面,中国人民银行继 1 月分别下调支农再贷款、支小再贷款和再贴现利率各 0.25 个百分点后,2 月再次下调金融机构存款准备金率 0.5 个百分点。降准增加了金融机构支持实体经济运行的资金来源,定向下调的落实也加大了对民营企业和小微企业的支持力度。截至 2024 年 6 月,央行 MLF 1 年期利率维持在 2023 年年底 2.5%,相较于上年同期下降 0.15%。6 月,LPR 报价为 1 年期 3.45%,与 2023 年底持平,较上年同期下降 0.1%;5 年期 LPR 报价为 3.95%,相较于 2023 年底与上年同期下降 0.25%。总体而言,市场整体流动性紧缩,央行这些举措体现了其加强逆周期调节和提升货币政策传导效率的政策要求,通过降息降准来保持市场的流动性,加大金融机构对实体经济的支持力度。

从贷款的利率水平来看,如图 45 所示,票据融资的加权平均利率自 2018 年 3 月以来持续大幅下降,直逼历史低位,一般贷款利率和居民个人住房贷款利率缓慢震荡下跌。截至 2024 年 4 月,各类贷款的加权平均利率为 3.99%,同比下降 1.11 个百分点,环比上升 0.16 个百分点。其中,一般贷款的加权平均利率为 4.27%,同比下降 1.03 个百分点,环比下降 0.08 个百分点;票据融资的加权平均利率为 2.26%,同比下降 1.26 个百分点,环比上升 0.79 个百分点;个人住房贷款的加权平均利率为 3.69%,同比下降 1.8 个百分点,环比下降 0.28 个百分点。贷款利率整体明显下降,票据利率的大幅下降更能代表宽松货币政策在利率市场的传导效果,明显降低了实体企业的融资成本;居民个人住房贷款利率的大幅下降则代表宽松的货币政策减少借贷成本,鼓励居民购房,刺激房地产市场需求的效果。

2024 年,我国政府在《政府工作报告》中强调"畅通货币政策传导机制,避免资金沉淀空转",目标在于确保货币供应能够有效地流向实体经济,而不是在金融系统内部进行空转。2024 年 1—5 月,委托贷款、信托贷款和未贴现的银行承兑汇票分别新增 -916 亿、2 350 亿和 -316 亿元,

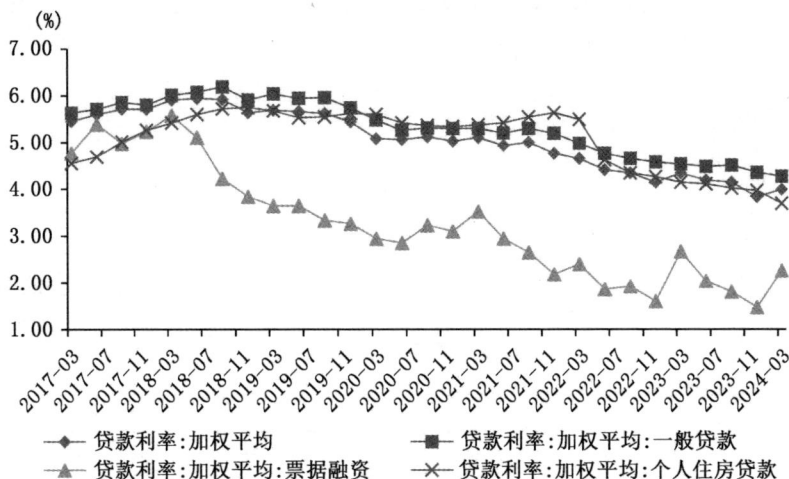

数据来源:中国人民银行。

图45　贷款加权平均利率

同比少增 1 716 亿、-1 969 亿和 1 862 亿元。委托贷款和未贴现的银行承兑汇票的明显减少反映了在当前庞大的货币总量增长可能放缓和社会融资规模增速下滑的情况下,金融业务正在逐步规范,表外信贷规模正在收缩,资金使用更加注重效率和流向,减少在金融体系内部的无效循环。然而,信托贷款新增仍然在增加,助推金融风险提升,央行等监管部门需要进一步加强对金融系统和贷款企业使用资金情况的监督。一方面,防止部分企业借助自身优势地位,用低成本贷款融到的钱买理财、存定期,或转贷给别的企业,避免信贷资金被用于非主营业务,加强贷后监管;另一方面,警惕资金通过影子银行大量流入房地产和地方债市场,抬高金融风险,严禁多层嵌套投资与资金空转,确保资金使用于实体经济,推动影子银行业务向更加规范、更加透明的方向发展。

二、结构性货币政策:精准有效、优化信贷结构

我国的结构性货币政策工具是中国人民银行引导金融机构信贷投向,发挥精准滴灌、杠杆撬动作用的工具。如图 46 所示,截至 2024 年第一季度末,我国流通中货币 M0 余额 11.72 万亿元,同比增长 1.16 万亿

元;其中,结构性货币政策工具余额 7.54 万亿元,同比增长 7 182 亿元。货币政策工具余额维持在合理水平,并稳健上升。

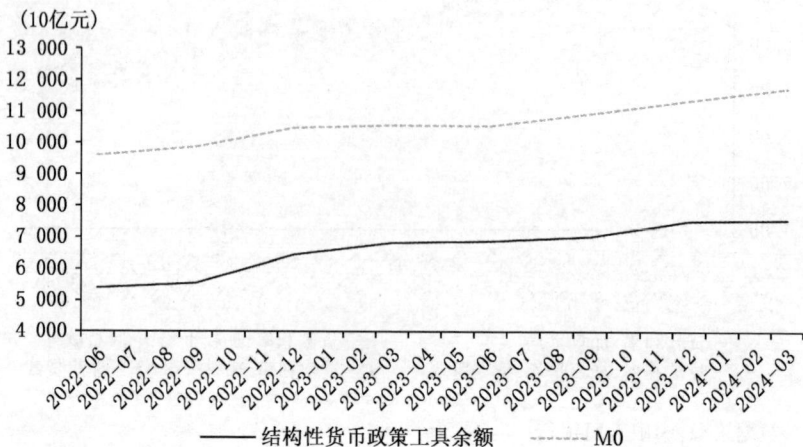

数据来源:CEIC。

图 46　货币政策工具余额

截至 2024 年第一季度,我国结构性货币政策工具可从以下三个维度进行划分。

(一)根据实施时效,分为长期性工具和阶段性工具

长期性工具主要服务于普惠金融长效机制建设,包括支农、支小再贷款和再贴现。阶段性工具有明确的实施期限或退出安排,除支农、支小再贷款和再贴现之外的其他结构性货币政策工具均为阶段性工具。

长期性工具使用率较高,截至 2024 年 3 月,长期性工具计划额度为 3.35 万亿元,实际余额为 2.94 万亿元,使用率达到 87.8%。在 2014 年这三项工具刚推出时,存量仅为 3 870 亿元,近十年间年化增速达到 24%,大力推动了我国普惠金融事业的发展。

阶段性工具覆盖面广,但使用率较低。阶段性工具品种有 14 种,涉及绿色发展、科技创新、普惠养老、交通物流、设备更新等重点领域。截至 2024 年 3 月,阶段性工具计划额度(不含抵押补充贷款、普惠小微贷款减息支持工具、收费公路贷款支持计划)为 2.27 万亿元,实际余额为 1.14 万亿元,使用率达到 50.4%。

长期性工具针对的普惠小微领域长期面临融资难题,需要持续性的资金供应支持,更注重这类政策工具的稳定性与可持续性,有助于形成稳定的政策预期。

阶段性工具侧重于解决特定时期的经济问题或支持特定领域的发展,例如,交通物流专项再贷款重点支持受疫情影响经营困难的道路货运物流行业"两企两个"群体,用于困难时期交通物流经营支出、置换经营车辆购置贷款等;保交楼贷款支持计划则是为保障住房建设项目能够顺利完成,避免因资金链断裂导致项目烂尾而创设。阶段性工具更注重政策的灵活性与时效性,需要根据经济形势和政策目标的变化进行调整,特别是在政策设计和退出时,充分考虑市场反应和潜在风险,避免因实施期限的变动或退出机制的不确定性对市场造成较大冲击。

(二)根据工具类别,分为提供再贷款资金的工具和提供激励资金的工具

提供再贷款资金的工具要求金融机构先对特定领域和行业提供信贷支持,中国人民银行再根据金融机构的信贷发放量的一定比例予以再贷款资金支持。截至 2024 年 3 月,我国结构性货币政策工具中,除普惠小微贷款支持工具、普惠小微贷款减息支持工具和收费公路贷款支持工具外,均采用这一模式。

提供激励资金的工具要求金融机构持续对特定领域和行业提供信贷支持,中国人民银行再根据金融机构的信贷余额增量的一定比例予以激励资金。目前,普惠小微贷款支持工具、普惠小微贷款减息支持工具和收费公路贷款支持工具(后两种工具已到期)均采取这一模式。

从政策传导机制来看,再贷款型工具通过降低金融机构的资金成本,增强其信贷投放能力,有效降低融资成本:1 年期 MLF 利率为 2.65%,不含抵押补充贷款的再贷款型工具平均利率为 1.75%,相较于银行 2% 以上的平均融资成本具有一定优势。而激励型工具则是直接向金融机构提供补贴,因此更受欢迎。其中,普惠小微贷款支持工具 2024 年第一季度使用率达到 69.3%,显著高于阶段性工具的平均值,除了财政贴息 2% 的设备更新改造转向再贷款外,这是使用率最高的阶段性工具。为了缓解新冠疫情对小微企业的冲击,中国人民银行创设的两项直达实体经济的货币政策工具——普惠小微企业贷款延期支持工具和普惠小微企业信用贷款支持计划——都属于激励型工具。

从风险角度来看,再贷款型工具模式下,金融机构需要先承担信贷风险,再获得中国人民银行的资金支持。再贷款工具大多按照贷款本金的100%予以低成本资金支持,支持强度较激励型工具更大,可能导致金融机构过度依赖央行的再贷款资金,而在选择贷款对象时不够谨慎,使得特定领域的信贷风险集中爆发。同时,再贷款申请大多需要抵押:由于金融机构在将其所持信贷资产用作再贷款工具抵押品后,也将该抵押品的信贷风险外移给中国人民银行,从而放松信贷标准,增加不良贷款的风险。

对于普惠、小微、三农等信贷风险较高的领域,由于其作为抵押品质量较低,信贷风险外移效果更为严重,故采用激励型工具能更好地发挥政策的激励作用,也能有效减少金融机构由于将信贷资产作为抵押品后放松信贷标准而产生的信用风险。然而,在激励型工具模式下,监管机构难以有效监测所有由激励政策引发的信贷活动,容易引发道德风险,增加了监管难度。

(三)根据发放对象,分为主要面向全国性银行、专属政策性专业机构和主要面向地方中小银行三类

主要面向全国性金融机构包括碳减排支持工具、煤炭清洁高效利用专项再贷款、设备更新改造专项再贷款、交通物流专项再贷款等10项,这些工具的存续期较短,对金融机构的要求更高。截至2024年3月,余额为11 560亿元,占结构性货币政策工具总余额的15.3%,规模相对较小。面向全国性金融机构的工具有助于引导信贷资源向政策支持的领域流动,促进经济结构调整,然而,全国性金融机构对市场变化的敏感性较低,需要更严格的信贷管理和市场风险控制。

专属政策性专业机构的工具有三项:抵押补充贷款、民企债券融资支持工具和房企纾困专项再贷款。抵押补充贷款相对特殊,是结构性货币政策工具发力的一条主要渠道,虽然是阶段性工具,但并没有明确存续退出期限,2024年第一季度余额为3.37万亿元。央行需要警惕抵押补充贷款大规模使用可能带来的道德风险和潜在的财政风险。房企纾困专项再贷款面向全国性金融资产管理公司,旨在优化风险资产的管理,提高金融系统的稳定性。民企债券融资支持工具面向专业机构，重在加强风险识别和风险控制。

主要面向地方中小银行的工具种类较少且专注于普惠金融，包括支农再贷款、支小再贷款、再贴现和普惠小微贷款支持工具4项，以长期性工具为主，2024年第一季度余额共2.99万亿元，占比达到39.7%。由于地方中小银行的资金筹集能力和风险管理能力不足，因此需要监管政策帮助其改善信贷管理和风险控制能力。结构性货币政策工具的特质与我国"多层次、广覆盖、有差异"银行体系相呼应，有助于优化金融资源的配置，实现更精准有效的政策传导。

按照中国人民银行官方口径，目前我国推出的17项结构性货币政策工具中，抵押补充贷款占比最高，达到结构性货币政策工具余额总量的44.7%，其属于阶段性再贷款工具，面向专属政策性专业机构（见图47）。支小再贷款和支农再贷款分别以22.2%和8.8%的占比位居第二、第三，这两种工具均属于长期性再贷款工具，主要面向地方中小银行。再贴现以7.9%的余额占比排名第四，也属于长期性再贷款工具，主要面向全国性银行。碳减排支持工具以6.8%的余额占比排名第五，是阶段性再贷款工具，主要面向全国性金融机构。

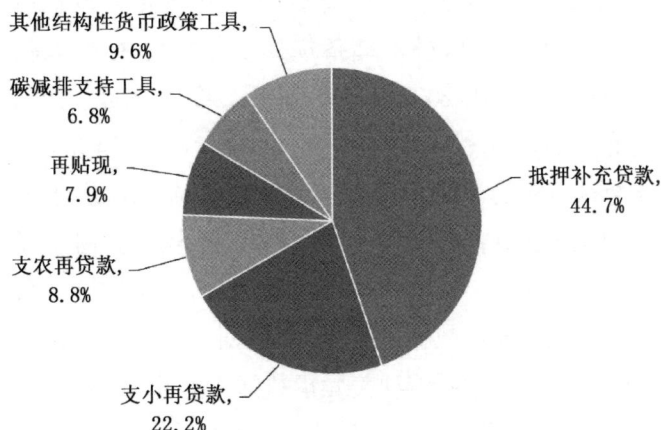

其他结构性货币政策工具，9.6%
碳减排支持工具，6.8%
再贴现，7.9%
支农再贷款，8.8%
支小再贷款，22.2%
抵押补充贷款，44.7%

数据来源：中国人民银行。

图47　结构性货币政策工具余额占比

2024年结构性货币政策工具将进一步受到倚重，以加大支持金融机构优化信贷结构的力度,引导更多金融资源流向科技创新、先进制造、绿色发展、小微企业以及房地产行业等重大战略、重点领域和薄弱环节。中国人民银行于 2024 年 4 月宣布 5 000 亿元抵押补充贷款额度发放完毕,支持"三大工程",即推进保障性住房建设、"平急两用"公共基础设施建设、城中村改造等。4 月 7 日,宣布设立科技创新和技术改造再贷款,额度为 5 000 亿元,利率为 1.75%,发放对象包括银行机构在内的 21 家金融机构,旨在激励引导金融机构加大对科技型中小企业、重点领域技术改造和设备更新项目的金融支持力度,助力金融机构做好五篇大文章。6 月 12 日,宣布设立保障性住房再贷款,额度为 3 000 亿元,利率为 1.75%,期限 1 年,可展期 4 次,发放对象包括国家开发银行、政策性银行、国有商业银行、邮政储蓄银行、股份制商业银行等 21 家全国性银行,旨在鼓励引导金融机构支持地方国有企业消化存量房产和优化增量住房,推动构建房地产发展新模式。

三、汇率政策:用好储备政策,有序推进金融开放,人民币汇率均衡稳定

2024 年以来,外部环境依然复杂多变,中国外汇市场运行展现出较强韧性。2024 年第一季度,外汇储备规模从年初的 3.22 万亿美元上升至 3.25 万亿美元,相较于 2023 年底增加了 7.68 亿美元。第二季度外汇储备有所回落,4 月降为 3.20 万亿美元,5 月小幅回升至 3.23 亿美元。

受全球金融市场的动荡和美国一系列政策调整的影响,2024 年前 5 个月,人民币汇率面临持续贬值的压力,展现出显著的"韧性"(见图 48)。自 2023 年 10 月 7 日新一轮巴以冲突爆发以来,由于国际油价大幅上涨以及随后出现的美国通胀数据超预期,市场对美元现金和国债等高流通性替代资产的强烈持有意愿带动美元指数强势上涨,人民币被迫贬值,汇率中间价一直在 7.10 附近小幅度震荡。美元兑人民币汇率在 2024 年年初于 7.08 附近筑底,尔后以温和的斜率上行。受中美利差倒挂、美国就业数据好于预期、美降息时点预期推迟、亚洲货币贬值等因素影响,人民币在岸和离岸价于 3 月 24 日触及 7.277 6 和 7.277 6 高位。5 月美元指数走弱,五一期间,离岸人民币兑美元涨至 7.192,周度涨幅超过 750 个

基点。随着美国公布 5 月强劲的非农就业数据,非农就业人数增加 27.2
万人,较预期高出 9.2 万人,薪资增速涨至 0.4%,高于环比增加 0.2% 的
预期,引发通胀回升担忧,令美联储年内降息次数与幅度再度被压降,给
人民币汇率构成新的下跌压力,6 月人民币汇率在岸价在 7.245 附近徘
徊,离岸价围绕 7.26 波动,中间价在 7.10~7.12 区间内波动。

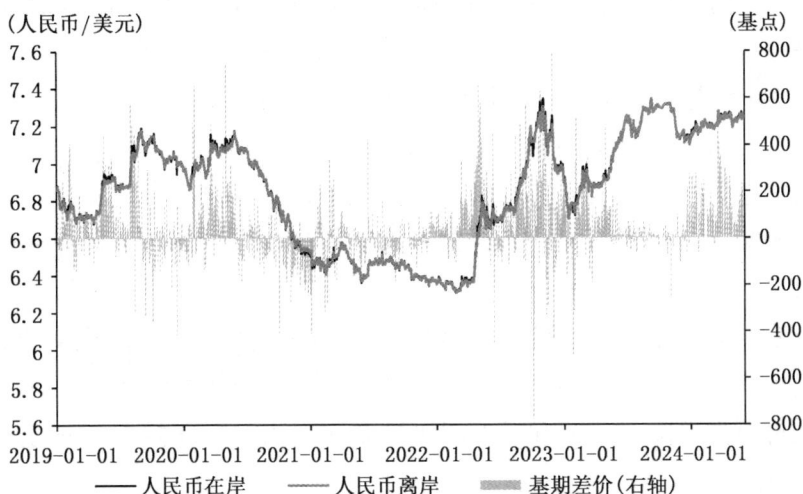

数据来源:CEIC。

图 48　人民币在岸(USD-CNY)与离岸(USD-CNH)走势

从跨国资本流动的变化来看,我国跨境资金流动趋向均衡,外汇市场
运行总体平稳。国家外汇管理局统计数据显示,按美元计值,2024 年 5
月银行结汇 1 760 亿美元、售汇 1 919 亿美元。1—5 月银行累计结汇
8 919 亿美元,累计售汇 9 707 亿美元。5 月银行代客涉外收入 5 848 亿
美元,对外付款 5 851 亿美元。1—5 月银行代客累计涉外收入 28 355 亿
美元,累计对外付款 28 709 亿美元。5 月我国结售汇逆差 159 亿美元,其
中,银行代客结汇同比下降 9.08%,售汇与上年同期基本持平。银行代
客涉外收付款逆差由 4 月的 382 亿美元降至 3 亿美元,逆差大幅收窄;分
项目来看,货物贸易、证券投资和直接投资是涉外收付款逆差收窄的前三
大贡献项。5 月货物贸易收付款顺差由上月的 245 亿美元增至 432 亿美
元,贡献了银行代客涉外收付款逆差降幅的 49%;证券投资收付款顺差
由上月的 24 亿美元增至 151 亿美元,贡献率为 33%,直接投资收付款逆

差由上月的 295 亿美元降至 180 亿美元,贡献率为 30%。总体来说,我国外汇市场运行展现了较强韧性,跨境资金流动总体均衡,市场预期和交易保持理性有序。

人民币汇率的走势若使用人民币无本金交割远期外汇交易衡量(见图 49),2024 年上半年,一年期和两年期远期外汇交易价格均揭示较高的人民币升值预期,且二者分化不明显(1 年 NDF:2024/03 预期升值 2.33%,2024/06 预期升值 2.93%;2 年 NDF:2024/03 预期升值 3.71%,2024/06 预期升值 4.31%),市场预期对人民币的升值趋势在短期内相对稳定。2024 年下半年,美国经济减速风险增大、通胀预期降温,且将举行总统大选,美联储或转向降息。在此背景下,美元指数或继续回落,中美利差不断收窄,人民币汇率面临的外部压力将得到缓解,人民币汇率企稳回升是大概率事件。中长期来看,中国经济迈入高质量发展阶段,国际收支自主平衡,外汇市场深度和广度将进一步拓展,经营主体的风险中性意识显著增强,其运用外汇衍生品等管理汇率风险的能力在提升,人民币跨境收付稳步增长,人民币汇率保持基本稳定在宏观上和微观上都有坚实的基础。

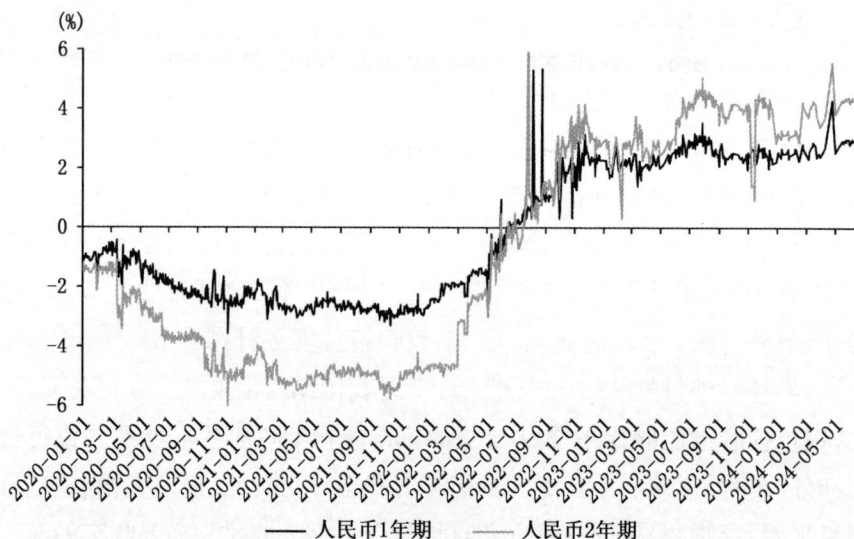

数据来源:Wind、上海财经大学经济学院。

图 49 人民币无本金交割远期外汇交易

近年来,面对多变的国际形势,中国人民银行一直坚持以我为主、兼顾内外均衡。坚持以市场供求为基础、参考一篮子货币进行调节、有管理的浮动汇率制度。既注重发挥市场在汇率形成中的决定性作用,又会高度关注外汇市场形势变化,并择机使用储备政策。课题组使用标准化的外汇储备变动幅度除以标准化的汇率变动幅度构建外汇干预指数(见图50),指标越接近1,表明外汇干预程度越大。从上海财经大学经济学院构建的指数可以看出,2024年初央行干预程度较小,随着人民币贬值压力逐渐增大,外汇干预指数有所升高,于4月达到最大值1。这显示了在内外部环境不确定性加大的情况下,央行及时加大干预力度,削减人民币贬值的压力,有利于稳定市场情绪和预期,从而使人民币汇率波动在合理区间内。

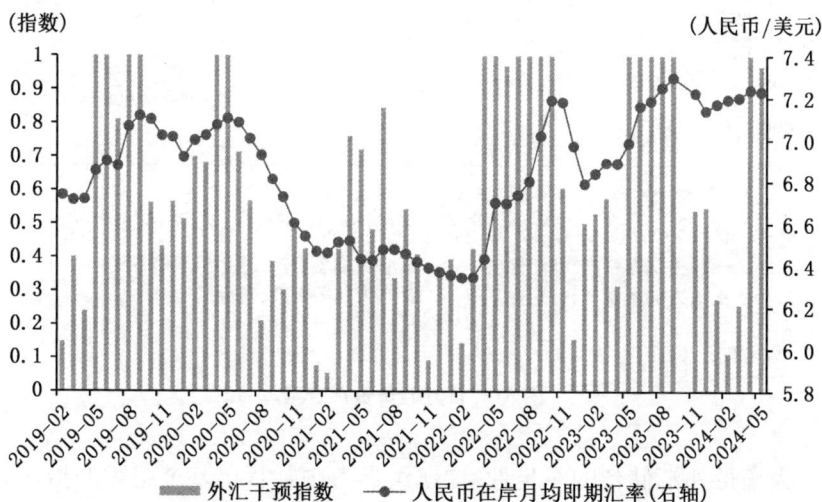

注:外汇干预指数由上海财经大学经济学院构建。

数据来源:CEIC。

图50　外汇干预指数

央行稳定汇率的能力主要取决于两方面的因素:外汇储备的充足性以及跨国资本流动的变化幅度和方向。首先来看外汇储备的充足性(见图51)。2024年以来,我国外汇储备规模保持基本稳定,截至2024年5月末,外汇储备规模为32 320亿美元,较4月末上升312亿美元,升幅0.98%。5月外汇储备规模环比实现较大涨幅主要是受到美元指数下跌、全球金融资产价格总体上涨、主要经济体货币政策预期、宏观经济数据等因素综合影响。2024 年 5 月,中国官方黄金储备为 7 280 万盎司,与上月持平,这意味着中国央行在此前连续 18 个月增持黄金储备后,在 5月暂停增持黄金储备。在黄金价格水平处于历史高位的背景下,适当调整增持节奏,有助于控制成本。我国经济内生动能持续增强,经济回升向好态势不断巩固,将为外汇储备规模继续保持基本稳定提供支撑。

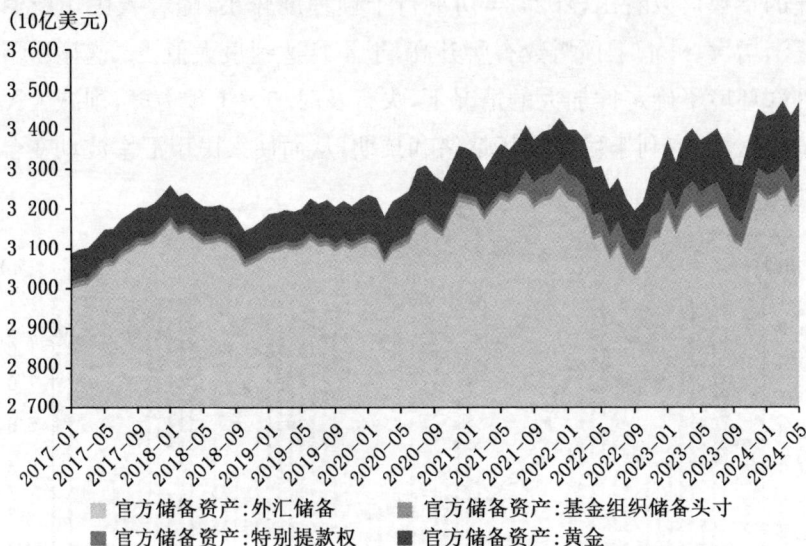

数据来源:CEIC。

图 51　官方储备资产走势

为衡量外汇储备的充足性,课题组参考国际货币基金组织的指南,构建了 3 个指标:进口覆盖率、外汇储备/短期债务比率、外汇储备/M2 比率(见图 52)。

进口覆盖率表示一个国家的外汇储备能够覆盖多少个月的进口,该指标可以用来评估一个国家在没有外部融资的情况下,仅依靠外汇储备能够维持进口的能力,通常适用于资本账户开放程度较低的国家。2023年,我国进口覆盖率为 15.2 个月,相较于 2022 年上升了 1.3 个月,外汇储备相对于进口额保持小幅增长,体现了我国具备较强的国际支付能力和较低的外部风险敞口。虽然随着全球经济环境变化、经济增长和进口需求的增加,我国进口覆盖率从 2009 年的 28.6 个月震荡下降至 2023 年

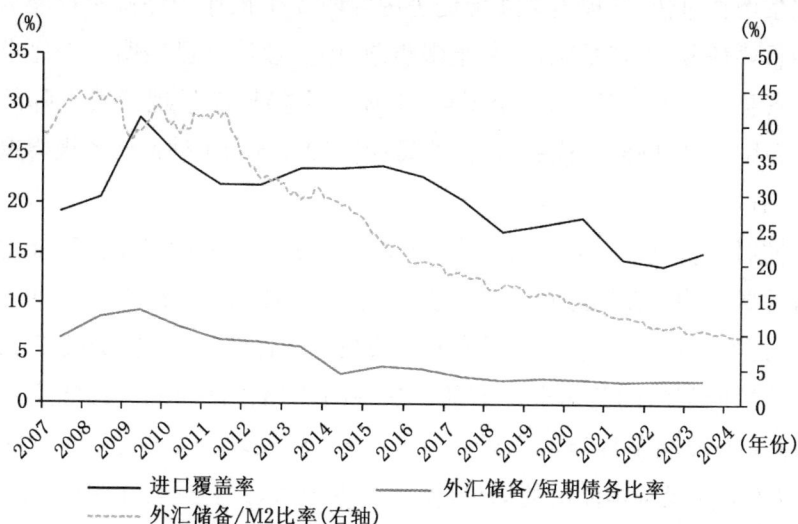

注:该指标由上海财经大学经济学院构建。

数据来源:CEIC。

图 52 外汇储备充足率指标

的 15.2 个月,但仍保持在相对健康的水平,显示出我国有足够的能力来满足进口需求,并保持经济的稳定和抵御外部冲击。

外汇储备/短期债务比率被广泛用作评估外汇储备是否充足的指标,尤其适用于有大量短期跨境金融交易的国家。我国外汇储备/短期债务比率自 2007 年持续走低,从 6.5 下降至 2023 年的 2.37,外汇储备增长速度低于短期外债的增速。虽然外汇储备/短期债务比率大幅下降,但我国外汇储备的绝对规模仍然很高,足以覆盖短期债务和其他潜在的外部支付需求。

对于资本账户非常开放的国家,外汇储备/M2 比率常被用于衡量资本外逃风险和外汇储备是否充足。我国外汇储备/M2 比率较 2023 年 12 月有所微降,由 9.87% 回落至 2024 年 4 月的 9.69%,并在 4 月达到 9.68% 的历史最低位。总体而言,该比率的波动幅度较小,说明我国外汇储备抵御资本外逃风险的能力较为稳定。

以上 3 个外汇储备指标的连续走低可能引发市场对央行保持汇率稳定能力的担忧。这里需要说明的是,早在 2006 年底,中央经济工作会议就指出,中国国际收支的主要矛盾已经从外汇短缺转为贸易顺差过大、外汇储备增长过快,并提出必须把促进国际收支平衡作为保持宏观经济稳定的重要任务;也就是说,早在十多年前,中国政府就已经明确不追求外汇储备越多越好。从 2009 年至今,上述 3 个指标就呈现持续下降的态势。我国经济基础稳、优势多、韧性强、潜能大,有利于外汇储备规模保持基本稳定。

同时,跨国资本流动的变化对未来汇率走势和央行稳定汇率能力也有着重要影响。在国际收支平衡表中,非储备性质的金融账户包括直接投资、证券投资、金融衍生工具和其他投资。非储备性质的金融账户集中反映了民间部门的跨境资本流动。从中国非储备性质的金融账户来看(见图 53),非储备性质的金融账户在 2017 年扭转了自 2015 年"811 汇改"以来的大量资本流出的局势,变为资本流入,这与人民币兑美元汇率在 2017 年的较大幅度升值是相对应的,同时显示了自"811 汇改"之后资本管控政策已见成效。尽管由于中美贸易摩擦,2019 年资本流入大幅减少,但仍为净流入。从另一层面也能反映出我国金融市场双向开放的稳步推进,国际资金聚焦中国市场。

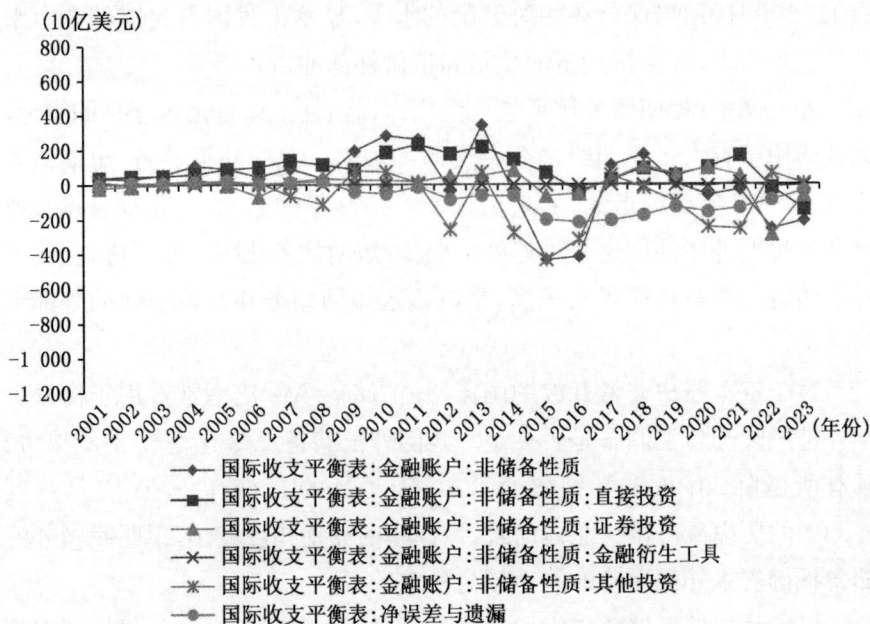

数据来源:CEIC。

图 53　中国非储备性质的金融账户

　　2022 年和 2023 年资本净流出规模大幅上升,这与美联储加快收紧货币政策有关。2022 年 3 月,美联储进入加息周期,截至 2023 年 7 月,美联储已累计加息 11 次,联邦基金目标利率共上调 525 个基点;与此同时,从 2022 年 3 月到 2024 年 6 月,我国 LPR 1 年期报价一共下调 3 次,共下调 25 个基点(见图 54)。中美利差的逐渐缩小引发国内资本流出,也降低了中国金融资产对外国投资者的吸引力。我国金融账户中,证券投资在 2022 年大规模流出 2 891 亿美元、2023 年流出 632 亿美元;直接投资在 2022 年流出 198 亿美元、2023 年流出 1 426 亿美元;金融衍生工具在2022 年和 2023 年分别流出 132 亿美元和 75 亿美元,只有其他投资近两年实现了资本净流入,在 2022 年和 2023 年分别流入 648 亿美元和 34 亿美元。这些国际资本的流动均与中美利差波动相关,在美联储加息影响下,人民币贬值压力大,市场的避险情绪持续强烈,对证券投资和直接投资产生较大影响。

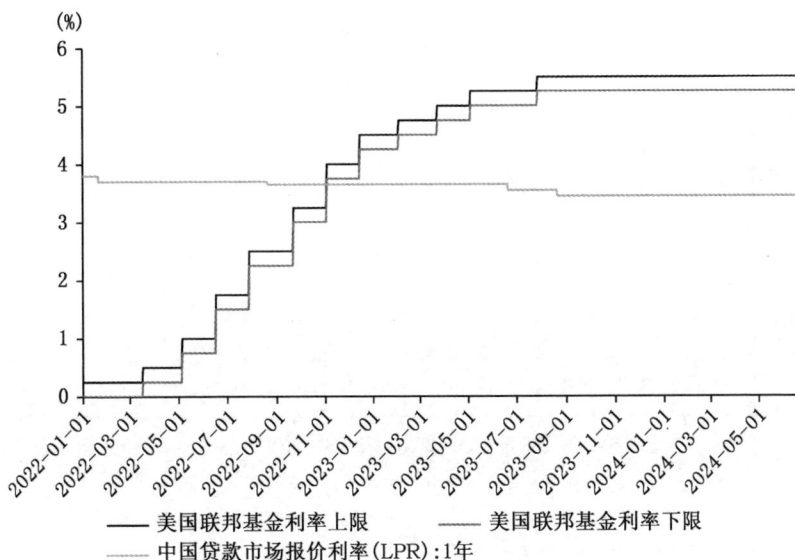

数据来源:CEIC、Fred data。

图 54　美国联邦基金目标利率和中国贷款市场报价利率

　　面对资本流出压力,资本管制政策可以调节资本跨境流动规模,有助于缓解汇率贬(升)值压力。近年来,中国资本与金融账户的开放逐步推进:根据 2000—2022 年 IMF 公布的《汇兑安排与汇兑限制年报》,中国资本项不可兑换项目个数已从 2000 年的 9 项减少为 2022 年的 0 项,资本项的 40 个子项目中,中国资本项基本可兑换项目和部分可兑换项目已全部开放。[①]

随着资本与金融账户不断开放,资本跨境流动势必加剧,对宏观经济条件变动更加敏感,从而对人民币汇率波动和央行稳定汇率能力产生影响。而充足的外汇储备积累可以削弱资本管制放松对央行汇率稳定能力的负面影响。课题组结合汇率稳定、资本管制与外汇储备积累三者间的联动关系构建线性概率回归模型[②],回归结果表明,央行选择非自由浮动汇率制度的可能性与外汇储备占 GDP 比例正相关,与金融开放程度负相关,且后者随着外汇储备占 GDP 比例上升而有所减弱。课题组基于回归结果构建了汇率稳定能力指数,该指数越高,说明央行稳定汇率的能力越强(见图 55)。随着我国金融开放力度加大,汇率稳定能力指数总体上呈现下降趋势,继 2023 年第三季度外汇局与央行提出"保持人民币汇率在均衡水平上基本稳定,坚决对顺周期行为予以纠偏,坚决防范汇率超调风险"后,2024 年第一季度为 0.45,较 2023 年底上升了 7.18%。

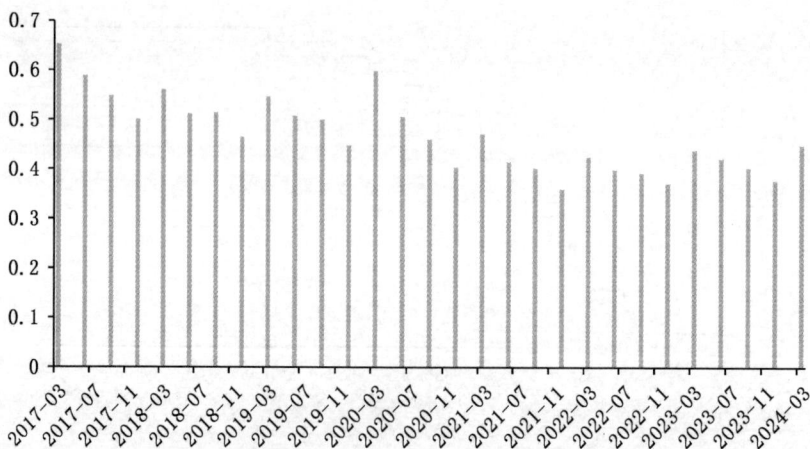

注:该指数由上海财经大学经济学院构建。

数据来源:CEIC、IMF。

图 55 汇率稳定能力指数

---

① 《汇兑安排与汇兑限制年报》中的资本项即为"中国国际收支平衡表"中资本账户和非储备性质的金融账户下的交易项目。

② 模型选取 1971—2016 年 186 个经济体作为研究对象,以汇率制度(自由浮动和非自由浮动)作为被解释变量,以外汇储备占 GDP 比例、基于 IMF《汇兑安排与汇兑限制年报》构建的金融开放程度指标及二者交乘项为核心解释变量。

综上所述，从人民币汇率的短期波动来看，美元走势、中美货币政策、中国外汇储备充足性、金融开放程度以及资本管制力度对汇率走势产生了直接影响。第一，美元指数的强弱表现是人民币汇率调整的外部压力来源。世界经济形势仍然存在很大的不确定性，美元作为避险资产，需求始终保持高位，使得美元指数下行空间有限。2024 年美联储货币政策逐渐转向，结束加息进程，即将开始降息周期。第二，中国人民银行发挥货币供应总量调节，适时降息降准，在总量上保障流动性更加充裕，在价格适度上降低社会综合融资成本。我国货币政策仍留有较大的空间，还有继续降息的可能性，中美利差或将无法按照预期的程度收窄，对货币政策的掣肘或难以在短期内消除。第三，我国外汇储备充足，连续 13 年保持在 3 万亿美元以上。外汇市场运行总体平稳，境内外汇供求保持基本平衡，对人民币汇率稳定起到一定的支持作用。第四，随着我国金融开放程度的加深，国际资金将更加积极地参与中国金融市场，对央行在合理均衡水平上维持汇率稳定的能力提出挑战。在人民币汇率的浮动更趋向市场化的形势下，我国的货币政策会更加具有自主性，从而对调节我国的内部平衡起到更有效的作用。因此，课题组预计，货币当局有充足的外汇储备、积累的丰富经验和足够的政策工具，为人民币汇率提供实时性支撑，2024 年下半年外汇储备会在波动中保持稳定，人民币汇率将在合理区间内双向宽幅波动。

第五章

需求侧管理的新思路及房地产
市场数据分析

在 2024 年的年度报告中,课题组就指出,宏观经济是因,房地产市场是果。如果宏观经济让家庭部门感受不到"温度",那么需求端,无论是消费需求还是房地产需求,都会受到抑制;并且,由于房地产还具有流动性较差、安全资产的属性,当不确定升高时,家庭会降低流动性较差资产的配置,这会引起房价的下降。而房价的下降又会削弱甚至打破安全资产的属性。2024 年上半年房地产的数据再次印证了课题组的观点。那么,在这种情况下,到底怎样的政策可能起到托底的效果? 是继续降低贷款利率还是有其他可行的措施? 在接下来的分析中,课题组将就以上问题展开分析。

一、房地产市场需求端依旧低迷

虽然房价是一个需求与供给均衡的指标,但根据国内外历史经验,房价更能反映需求侧的表现。如果房价开始企稳,那么说明家庭资产负债表调整到位,我们理应对未来有一个更好的期待。但如果房价仍然维持下降的趋势,那么问题就演变成采用何种政策才能稳定房地产市场。从 2024 年上半年的数据来看,房价依旧保持下滑的趋势,甚至下滑的速度有所加快。

　　首先是新建住宅价格指数(见图56)。在经历了2023年下半年的平稳之后,进入2024年,房价降幅开始再次扩大,下降的速度甚至有加快的趋势。从各城市房价来看,整体下降趋势一致,三线城市房价下降幅度最大,二线城市次之,一线城市最小。但是,如果看下降的趋势,一线城市下降的速度(曲线的斜率)要快于二线、三线城市,这是2024年房价分化的新特点。具体来看,2024年5月,一线城市降幅达到3.2%,比上月下降0.7个百分点;二线城市降幅达到3.7%,比上月下降0.8个百分点;三线城市降幅达到4.9%,比上月下降0.6个百分点。5月中旬,央行、金融监管总局等公布了新的房地产促进政策,首套房和二套房贷最低首付款比例分别降至不低于15%和不低于25%。这些政策的效果可能还未显现。

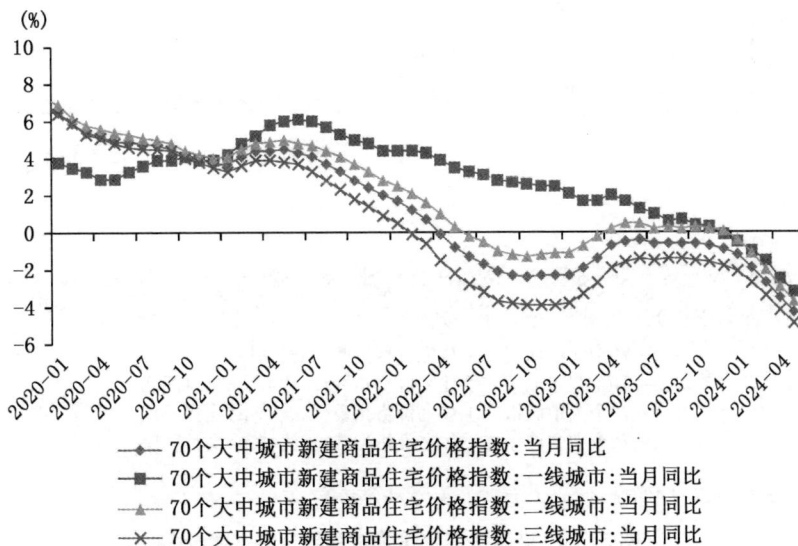

数据来源:国家统计局、上海财经大学经济学院。

图56　70城新建商品住宅价格指数当月同比增长率

　　如果我们将时间线拉长,聚焦于一线城市,则可以看出,其实一线城市的房价从2021年年中开始就呈现一直下降的趋势,其间甚至没有像二线、三线城市那样,出现些许的反复。这说明,在探讨房价的区域分化时,可能要将更多的跨区域因素考虑在内,这也将在本报告的后面部分加以分析。

在二手房市场,同新建住宅价格指数的变动趋势一致,房价的降幅继续扩大,并且下降的速度甚至有加快的迹象(见图 57)。但与新建住宅价格指数不同的是,一线城市房价降幅不仅最大,下降的速度(曲线的斜率)也最大。具体来看,一线城市房价的降幅最多,在 2024 年 5 月达到了同比下降 9.3%;二线城市达到了同比下降 7.5%;三线城市达到了同比下降 7.3%。2024 年出现的这种新情况更加值得关注。以往在二手房市场房价上涨时,一线城市处于领涨状态,并且在 2024 年之前,一线城市的降幅也比二线、三线城市小得多。但目前一线城市的二手房房价下降幅度更大,说明一线城市的劳动力市场可能也存在问题,更多的流动人口回流到原住地,这种需求的跨区域流动导致了房价的反常。

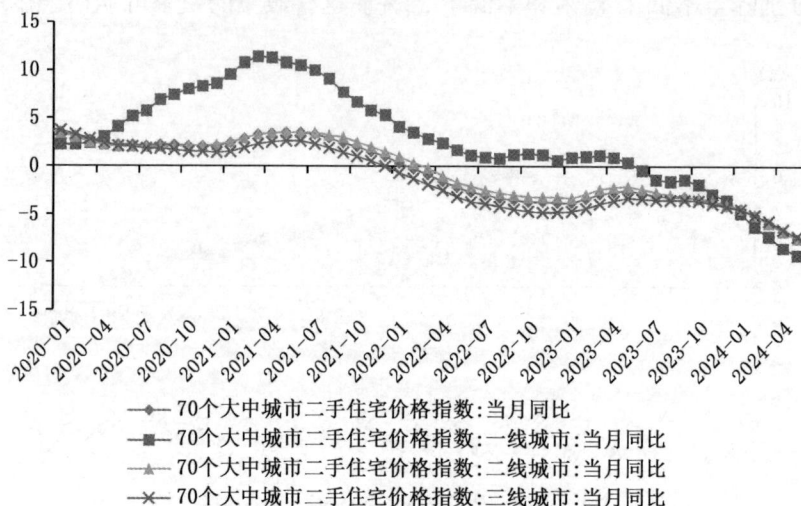

图例:
- 70个大中城市二手住宅价格指数:当月同比
- 70个大中城市二手住宅价格指数:一线城市:当月同比
- 70个大中城市二手住宅价格指数:二线城市:当月同比
- 70个大中城市二手住宅价格指数:三线城市:当月同比

数据来源:国家统计局、上海财经大学经济学院。

图 57 70 城二手住宅价格指数当月同比增长率

在房价下跌、需求不旺盛的时候,直接将各个交易完成的房价取平均的方法得到的房价指数会低估房地产市场的严峻情况。想象这样一种情况,如果一个家庭预算 300 万元,在房价高涨的时候,家庭只能购买一线城市郊区的住房。但此时,房价下跌而预算没有变化,那么家庭可以在郊区买房,也可以在市区买品质更好的住房。这种情况反映到数据上,显示房价下降幅度并不大,但实际上的真实情况则要严重得多,毕竟这是以低品质房源完全退出交易市场为代价的。因此,课题组绘制了控制二手房状况的二手房出售挂牌价指数(见图 58),同 70 个大中城市二手房价格指数一致,一线城市的房价降幅最大。这再次验证了房地产市场的问题并不仅仅是房地产内部的问题,而是宏观经济问题的集中反映。农村或中小城市作为经济的"压舱石",许多流动人口回流在一定程度上稳定了宏观经济,但也造成一线城市房地产市场的进一步需求萎缩。

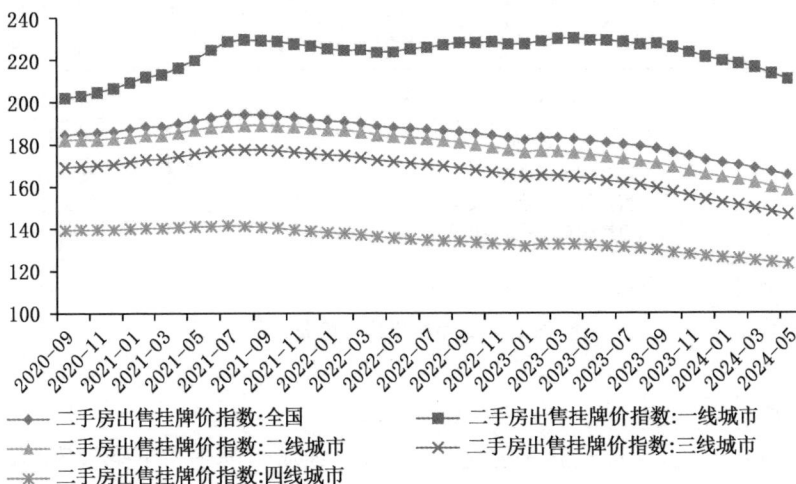

数据来源:Wind、上海财经大学经济学院。

图 58　二手房出售挂牌价指数

　　在二手房市场上,虽然挂牌价指数不断下降,但挂牌量指数却在 2024 年初有所上升(见图 59)。当然,挂牌价和挂牌量都是供需调整的结果。在房价下降时,挂牌量上升预示着二手房交易成本的上升,户主可能需要更长时间才能将住房卖掉,这可能给家庭的现金流造成更为严重的影响。同时,这也预示着住房作为安全资产的属性在降低,家庭更有动力去卖掉这类资产,这是造成房价进一步下降的隐患。现有研究表明,当家庭遭受重大的经济冲击,比如失业时,如果家庭有现金流作为支撑,即使这些现金流来自信用卡等信贷,那么家庭也会更有耐心去寻找更加合适的工作,劳动力市场的错配行为就会更少。但目前的情况说明,如果家庭遭受重大的经济冲击,想要卖掉住房补充现金流也变得很困难。因此,房价的变动还会通过家庭工作以及劳动力供给的选择,反馈到宏观经济中,进一步影响宏观经济的运行。

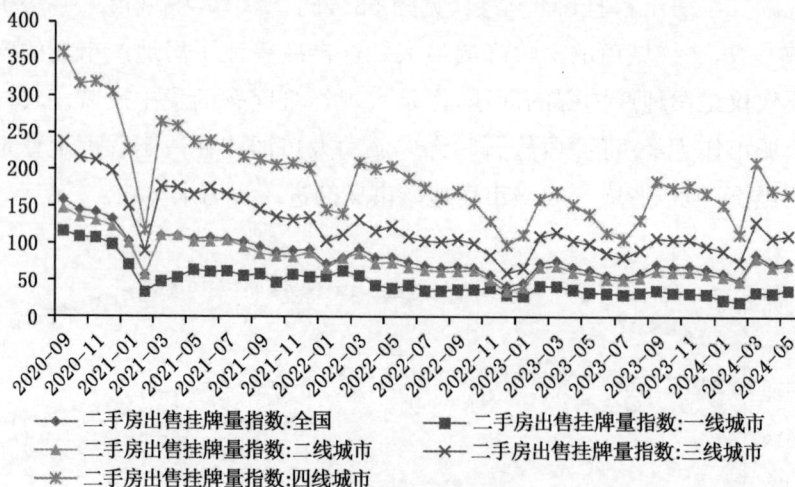

数据来源：Wind、上海财经大学经济学院。

图 59　二手房出售挂牌量指数

从前面的描述中可以看出，我国的房价不仅有趋势上的下降，在区域上也有着分化，无论是新房还是二手房，一线城市的房价下降幅度均超过了二线、三线城市。课题组认为，产生这一情况的原因是宏观经济导致的人口跨省流动下降。如图 60 所示，无论是东部、中部还是西部地区，农民工跨省流动的人口增速在大部分年份小于 0，说明跨省流动人数一直在下降，并且 2023 年下降的幅度特别大。虽然跨省流动并不能与农民工返流画等号，但根据《中国流动人口发展报告 2018》的描述，"最近几年，我国劳动力，尤其是农民工有从东部沿海地区向中西部地区回流的现象"①。如果这一回流更多地发生在一线城市向其他城市的转移，那么这种由人口回流导致的额外的一线城市的住房需求萎缩会进一步给一线城市房价施以压力。

---

① 详见 https://www.gov.cn/xinwen/2018-12/25/content_5352079.htm。

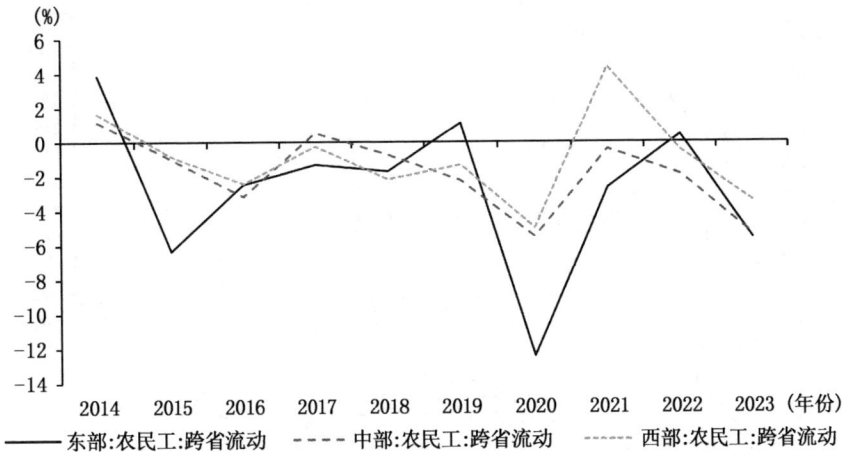

数据来源:Wind、上海财经大学经济学院。

图60 流动人口增速

二、房地产市场供给端困难重重

由于房价下降更多的是受需求端疲软的影响,房价下降又进一步抵消房产作为安全资产的属性,因此,房价的下降不仅不会刺激房地产企业的销售,而且会进一步限制房地产企业的回款。这从房地产的销售数据中得到了明确的反映。图61、图62显示了全国商品房销售额与销售面积的累计同比增速。整体来看,2024年前5个月商品房销售额35 665亿元,累计同比下降27.9%,与2023年同期的正增长相比,更凸显情况的严峻性。毕竟,在2022年同期,这一数值为降幅31.5%;也就是说,2024年前5个月的商品房销售额增速仅比受到新冠疫情影响的2022年同期略高,这还是在基数不断下降的情况下。具体而言,住宅销售额31 163亿元,同比下降30.5%,跌幅虽然比年初略有收窄,但情况也不容乐观。住宅销售面积30 744万平方米,同比下降23.6%,跌幅较2024年初扩大1.2%。

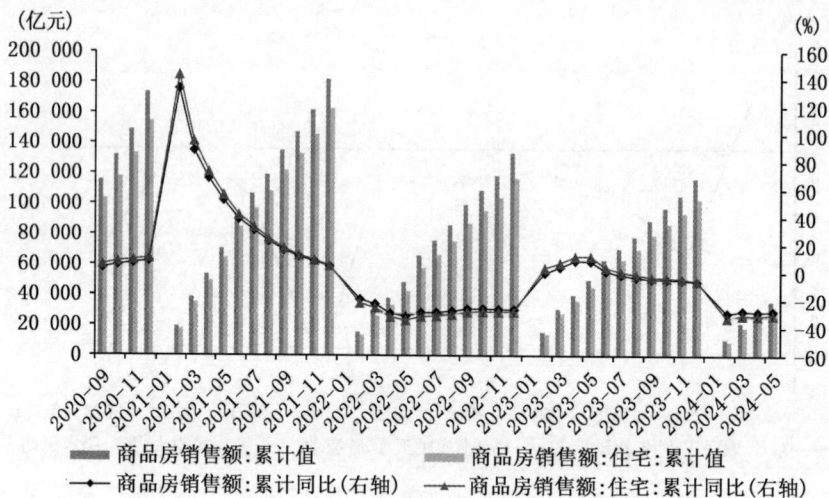

数据来源：国家统计局、上海财经大学经济学院。

图 61   全国商品房销售额累计同比增长率

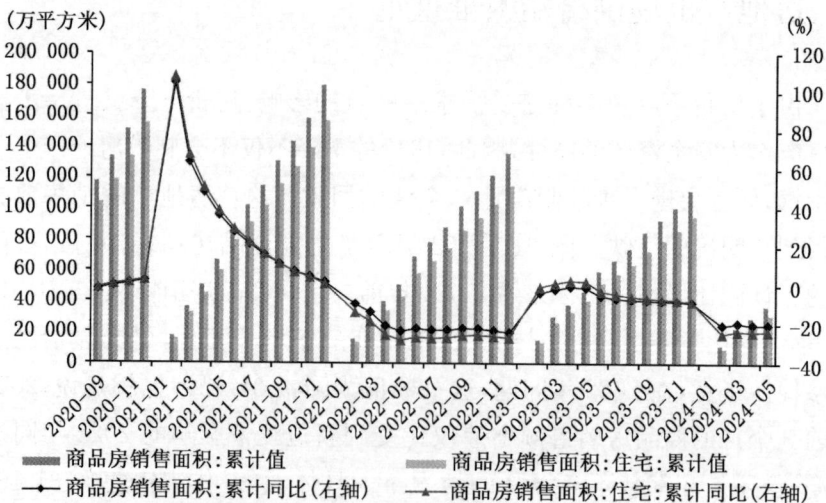

数据来源：国家统计局、上海财经大学经济学院。

图 62   全国商品房销售面积累计同比增长率

受房地产销售疲软的影响，我国房地产市场的库存压力继续扩大，如图 63 所示。截至 2024 年 5 月，我国商品房待售面积已经达到 74 256 万平方米，同比增长 15.8%。分项来看，住宅待售面积 38 712 万平方米，同比增长 24.6%。只看住宅的话,待售面积虽然较 2024 年初的 40 500 万平方米有所降低,但比上年平均 31 000 万平方米左右的均值高出许多。与 2016 年 2 月的最高值 46 635 万平方米相差不多。表现最差的是办公楼,办公楼的待售面积为 5 214 万平方米,虽然比 4 月新高 5 217 万平方米有所下降,但已经远远超过历年的值。当然,在销售不畅但又有保交楼政策的限制下,下一步房地产市场的库存可能进一步增加。但是,现在的问题是,我们如何寻找一个新的政策去稳定房地产市场,毕竟,当前已经没有像 2014—2015 年 5 次降准降息的环境,家庭似乎也已经对刺激性政策产生了钝感。

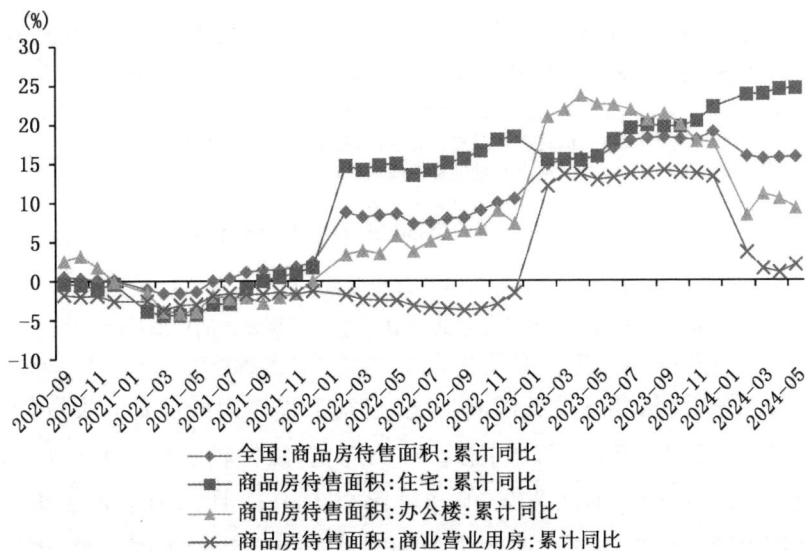

数据来源:国家统计局、上海财经大学经济学院。

图 63　全国商品房待售面积累计同比增长率

房地产企业的销售持续下降,资金链受到影响,自然就会传导到企业投资中。图 64 显示了房地产开发投资的累计同比增速情况,2024 年 1—5 月房地产开发投资完成额的累计同比已经跌破 10%,达到了 10.1%。当然,如果从趋势上看,这一下降的趋势从 2021 年就已经开始了。这一时间点正好与家庭部门开始家庭资产负债表调整相吻合。换句话说,只有住房需求高,房地产企业销售才能好;只有房地产企业销售好,房地产企业才会有更多的投资。因此,要想改变房地产市场的局面,从需求端稳定房地产才是重点。近期出台的地方政府购买尚未售出的存量住房的政策可能是一次很好的尝试。

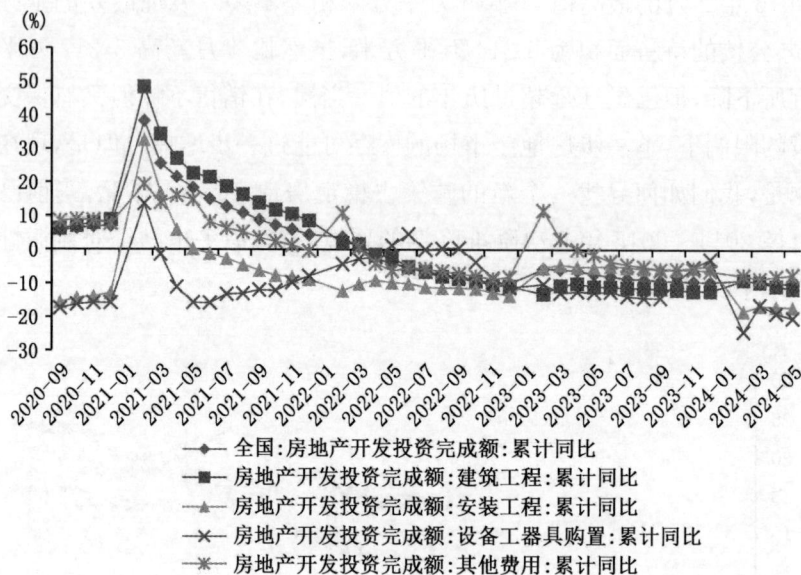

（%）

全国：房地产开发投资完成额：累计同比
房地产开发投资完成额：建筑工程：累计同比
房地产开发投资完成额：安装工程：累计同比
房地产开发投资完成额：设备工器具购置：累计同比
房地产开发投资完成额：其他费用：累计同比

数据来源：国家统计局、上海财经大学经济学院。

图 64　全国房地产开发投资及其构成完成额累计同比增长率

分项来看，从开发投资构成角度，建筑工程作为最重要的投资构成，2024 年 1—5 月投资额累计同比下降 11.5%，跌幅较上月扩大 0.8%，虽然比 2023 年底降幅有所收窄，但降幅比 2024 年 1 月、2 月有所扩大。其他费用主要包括房地产企业的土地购置费用，截至 2024 年 5 月，累计同比下降 7.4%，跌幅与上年相比进一步扩大。

企业没有资金投资，房地产销售又低迷，因此房屋新开工面积也随之继续萎缩。如图 65 所示，2024 年前 5 个月房屋新开工面积累计同比增速虽然仍是负值，但住宅和商业营业用房的降幅有所收窄、办公楼的降幅有所扩大。具体来看，2024 年 1—5 月房地产开发企业房屋新开工面积同比下降 24.2%，降幅较上月缩小 0.4%，其中，住宅新开工面积同比下降 25.0%，降幅较上月缩小 0.6%；办公楼新开工面积同比下降 24.9%，降幅较上月扩大 10.6%；商业营业用房新开工面积同比下降 27.0%，降幅较上月缩小 4.4%。

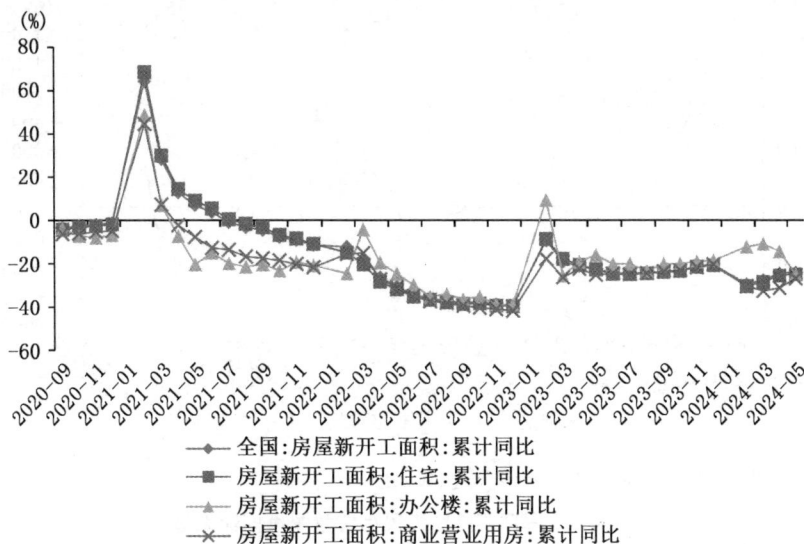

(%)

- ◆— 全国:房屋新开工面积:累计同比
- ■— 房屋新开工面积:住宅:累计同比
- ▲— 房屋新开工面积:办公楼:累计同比
- ✕— 房屋新开工面积:商业营业用房:累计同比

数据来源:国家统计局、上海财经大学经济学院。

图 65　全国房屋新开工面积累计同比增长率

三、家庭资产负债表继续调整

从 2021 年年中报告开始,课题组就观察到家庭进行资产负债表调整的迹象。课题组利用理论分析加数据支撑的方式指出,收入不确定性增加是理解家庭资产负债表调整的关键。那么,进入 2024 年,家庭的资产负债表是在缩小,还是在继续扩张呢?

居民户全部贷款新增额以及中长期贷款新增额与短期贷款新增额的季度同比增速情况如图 66 所示。从图中可以看出,在 2023 年同比增速已经为负的基数效应下,居民户中长期贷款的同比增速在 2024 年第一季度呈现正增长。但是,短期贷款的增速却从 2023 年第三季度开始一直呈现负值,即使此期间包括双十一促销、春节等消费支出的重要时期。虽然中长期贷款的增速为正,但从数量来看,第一季度的新增额仅比上年同期有所增加,远低于以往任何时期,因此,很难说家庭部门开始再次扩表的历程。

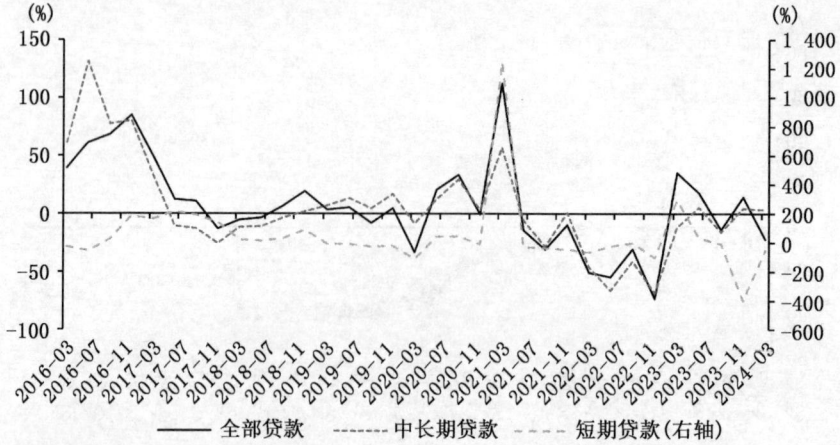

数据来源：上海财经大学经济学院、Wind。

图 66　家庭部门新增人民币贷款季度同比增速

家庭部门则继续增加流动性资金的持有。如图 67 所示，2024 年第一季度家庭银行存款新增额为 8.56 万亿元。虽然较上年同期有所下降，但也是高于之前的任意年份。课题组认为，家庭新增存款较上年下降可能并不是一个好的苗头。结合二套房挂牌量指数来看，可能在过去一年中，许多家庭的流动性资产被消耗，从而导致即使家庭想更多地存钱，也没有余力去存。

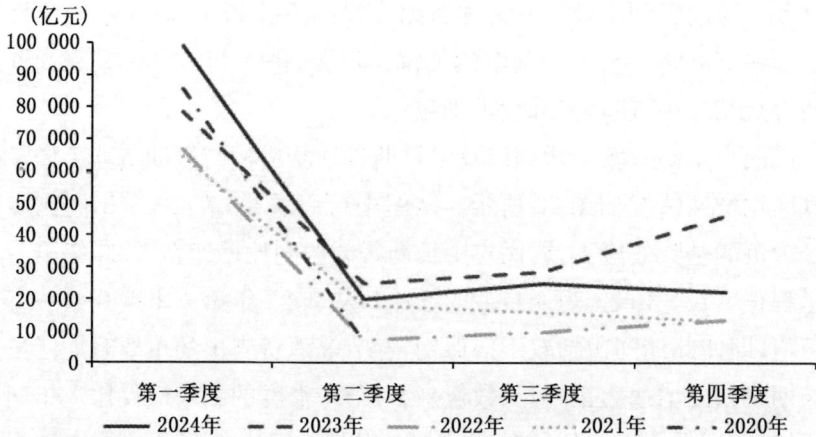

数据来源：中国人民银行、国家统计局、上海财经大学经济学院。

图 67　家庭单季存款新增额

课题组在 2023 年的报告中就指出,只要宏观经济不向好,家庭部门感受不到实体经济的温度,那么家庭的预防性储蓄动机以及流动性需求动机就不会减弱,家庭的资产负债表就会持续调整。这一结果也从课题组构建的收入不确定性指标中再次得到确认。利用分省家庭人均可支配收入,课题组计算了中国家庭收入的方差,并通过滤波的方法将趋势项与波动项区分,作为收入不确定性的指标(见图 68)。从图中可以看出,我国家庭面临的收入不确定性并未出现下降的态势,并且在 2024 年第一季度,这一不确定性还有扩大的趋势。虽然家庭可支配收入的增速已经有所恢复,但对未来的担心会进一步激发家庭的预防性储蓄动机。课题组早在 2022 年的年终报告中就指出,当收入方差增加得越多,家庭的预防性储蓄动机就越强,资产负债表调整越严重;这表现为,消费下降得越多,家庭降杠杆的动机越强,对住房的需求越弱,房价下降得越多。当然,对流动性资产的累积也越多。收入不确定性不降低,家庭就不敢进行需求侧的改善。

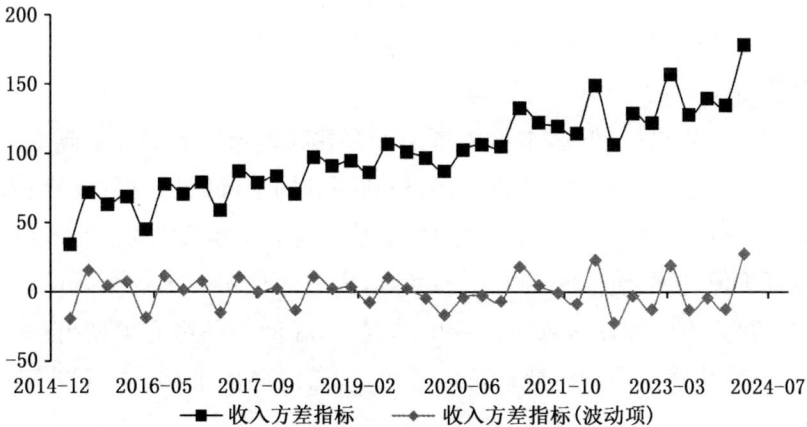

数据来源:上海财经大学经济学院、国家统计局。

图 68 家庭收入不确定性指标

如何应对这种情况?现在有许多专家和声音指出,进一步降低利率、降低家庭的债务负担,会激发家庭的需求动机。课题组认为,在我国自 2015 年开始的长期低利率环境下,进一步降低利率可能效果有限,并且只会将房地产问题无限后延。在下文中,利用构建的包括家庭住房投资行为的结构模型,课题组将阐述这一担心的逻辑,并提出相应的政策应对。

四、长期低利率环境使得家庭部门对政策调整产生"钝感"

虽然决策部门已经出台了诸多政策,但如何稳定房地产仍然是当前社会热议的话题。许多声音指出,进一步降低利率、降低家庭的债务成本,可以改善家庭的现金流,起到稳定经济、稳定房地产的目的。这种观点从逻辑上讲当然没有问题,中国绝大多数家庭的房贷是可调整利率抵押贷款(adjustable rate mortgage,ARM),贷款利率下降使得负债家庭的每期还款额下降,家庭消费得到提高。

但这里需要注意的是,我国从 2014 年开始就长期保持低利率状态。长期低利率环境是否影响货币政策的有效性? 毕竟,低利率环境会刺激家庭进行房地产投资,这与 2015 年以来的房地产市场现象一致。但投资房地产会降低家庭的流动性资产。这样,进一步降低利率可能就面临家庭没有足够的流动性资产的窘况,毕竟财富是有限的,货币政策只是改变相对价格,并不会凭空产生财富。

为了分析这一问题,本报告考虑了存款利率长期下降和贷款利率长期下降两种情况。这里首先看当两种利率分别下降时房价的变动情况。如图 69 所示,当仅存款利率下降时,虽然住房相对流动性资产来说更具有投资价值,但受负向收入效应的影响,家庭的住房需求仍会降低,在给定住房存量不变即住房供给不变的情况下,降低的住房需求使得房价下降。同时,从房价的动态变动可以看出,随着时间的推移,高回报率时期(初始稳态)累积的流动性资产慢慢被消耗,低利率产生的负向收入效应对家庭的影响越来越大,因此,房价在第一期时下降最少,随后会继续下降至新的稳态水平。

在仅贷款利率下降时,一方面,贷款利率下降会降低有房贷家庭的还款额,产生正的收入效应;另一方面,贷款成本的下降也会刺激家庭的住房需求,在给定住房供给不变的情况下,增加的住房需求会导致房价上升。同时,从房价的动态波动可知,由于贷款利率突然下降产生的收入效应在第一期最大,因此住房价格在第一期时最高,然后随着高利率时期

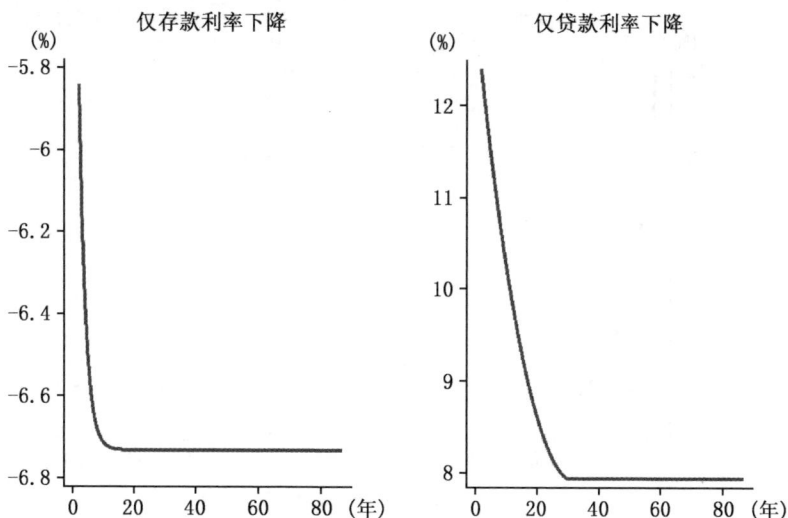

数据来源：上海财经大学经济学院。

图 69　利率长期下降时的房价变动情况

（初始稳态）累积的债务被低利率债务替换，正向收入效应逐渐减小，因此房价会慢慢下降至最终稳态水平。

在探讨了两种利率分别下降时房价的波动后，本报告进一步分析不同利率对消费的不同影响。图 70 分别报告了两种利率变化时消费的变化情况。

从图 70 可以看出，当仅存款利率下降时，家庭预期到利率下降产生的负向收入效应，因此在利率改变当期，受跨期替代效应的影响，家庭消费仍会上升，但上升的幅度比较小，不到贷款利率下降产生的消费增幅的二分之一。同时，若考虑房价的变动，由于此时负向收入效应会降低房价，由此带来的负向财富效应会进一步降低消费，使得消费上升幅度进一步缩减，甚至可能出现负值，在图中表现为房价固定时消费增幅远大于房价可变时的增幅。但随着时间的推移，由于利率保持在低利率水平不再改变，跨期替代效应消失，负向收入效应的作用显现，使得家庭消费逐渐开始下降。同样地，当考虑房价改变时，房价下降引起的购房成本的降低会产生一个正的收入效应，使得消费下降没有房价固定时那么多。

当仅贷款利率下降时，受房贷还款额下降产生的正向收入效应的影

93

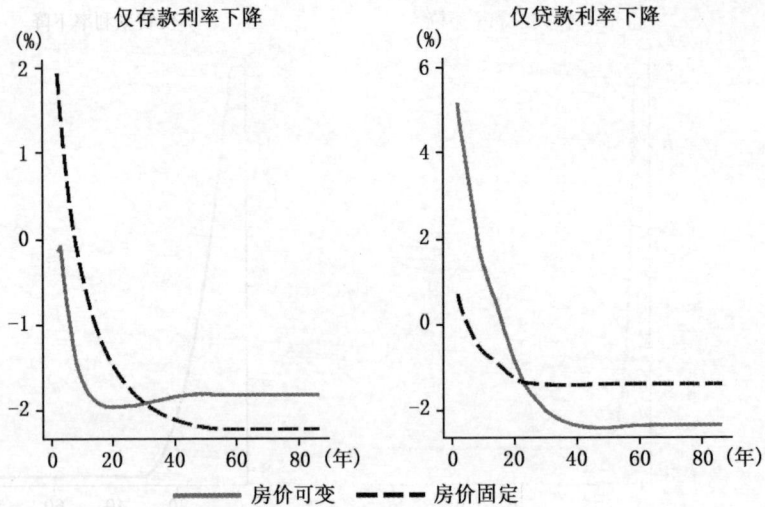

数据来源：上海财经大学经济学院。

图70　利率长期下降时消费变化情况

响，家庭消费在利率下降当期会升高，上升幅度几乎与两种利率同时下降一致。同时，当房价可变时，受房贷利率下降影响，房价会升高，由此还会产生额外的财富效应，因此，在利率变动当期房价可变时消费上升更多。但无论房价是否可变，随着时间的推移，家庭对住房服务的过量需求使得家庭累积了大量的债务，由此产生的债务支付挤占了家庭的现金流，家庭消费会慢慢下降，最终小于初始稳态水平。并且通过对比房价可变与房价固定的消费下降程度可知，虽然房价上升会产生替代效应增加消费，但买房成本的提高还会产生一个负的收入效应减弱消费，因此，长期而言，房价可变时家庭消费的下降幅度要大于房价固定时家庭消费的下降幅度。

从上面的分析可以看出，贷款利率降低短期内虽然可以刺激消费，但长期低利率环境会激发家庭住房投资动机，使得家庭累积更多的债务，从而抑制消费的增长。因此，在长期低利率环境下，进一步降低利率可能产生的效果有限。

五、课题组的观点：引入再融资

中国房地产市场的很多现象均具有独特性，与很多国家的房地产市场现象不同，比如，一个广受热议的现象就是房地产市场的发展可能对家庭消费产生挤出效应，而这在欧美等国家并不存在。毕竟，从理论上说，房价上涨虽然确实加重了购房者的购房负担，可能造成"房奴效应"，但同时增加了有房家庭的住房财富，即房价上涨也会产生"财富效应"，使得有房家庭的消费增加。具体来说，"财富效应"可以细分为通过以下渠道影响消费：(1)兑现的财富效应，即居民将房产出售获得可以用于消费的资金；(2)未兑现的财富效应，即当居民的房产价值增加时，居民觉得自己更富有，也会增加消费；(3)再融资或者房屋净值抵押贷款渠道，即有房家庭通过将房产进行再抵押获得贷款，从而获得资金进行消费或者投资。其中，第三种渠道被认为是最重要的影响机制。

为什么房地产市场对社会总消费的影响在中美两国之间会存在差异？一种可能的解释是：假设经济体中存在租房家庭和有房家庭，房价上涨会通过"房奴效应"挤出租房家庭和新买房家庭的消费，会通过"财富效应"使得有房家庭的消费上升。由于总消费由两类家庭的消费加总形成，因此，当租房家庭和新买房家庭受到的"房奴效应"占优于有房家庭的"财富效应"时，便会出现我国房价上涨与居民消费持续下降的情形；而当"财富效应"占优于"房奴效应"时，便会出现美国房价上涨与居民消费保持坚挺的情况。如果这一逻辑成立，一个直接的问题就是，为什么"房奴效应"在中国会占优于"财富效应"？换句话说，中国有房家庭的"财富效应"受到了何种限制？课题组认为，在房价上涨向消费传导的第三个渠道上，中美之间存在一个显著差异：美国家庭可以将房产进行抵押进行再融资；而在中国，市场上并没有类似的抵押贷款产品，大部分家庭难以通过再融资渠道获得资金。根据以上分析，或许正是再融资渠道的缺失限制了中国家庭住房资产"财富效应"的实现，从而使中国家庭住房资产的"财富效应"较小。

进一步地，课题组认为，这种再融资的差异也蕴含着刺激消费的政策选择。换句话说，如果引入再融资渠道，是否会改变家庭住房选择行为，

进而对家庭消费产生刺激作用？从理论上讲,这一结果确实存在可能性:
以流动性资产为例,在没有再融资渠道时,为了应对未来可能出现的紧急
情况,居民会进行预防性储蓄,从而积累较多的流动性资产;但当再融资
渠道存在时,由于居民在有资金需求时,可以通过再融资渠道获得所需资
金,因此,预防性储蓄动机有所下降,即减少对流动性资产的积累,进而使
得居民拥有更多可用于消费的资金,家庭消费会增加。但对于住房资产
来说,引入再融资有两方面的效应:一方面,只有有房家庭才能进行再融
资,因此再融资的引入增加了居民对拥有房产的意愿,可能削弱家庭消费
意愿;另一方面,再融资渠道增强了房产的流动性,减少了居民过度累积
房产的预防性储蓄动机,也减少了居民对房产的过度需求,增加了家庭消
费意愿。因此,居民消费的变动取决于以上多种效应的加总,而对这一问
题的回答需要将这些传导渠道纳入一个统一的分析框架中。

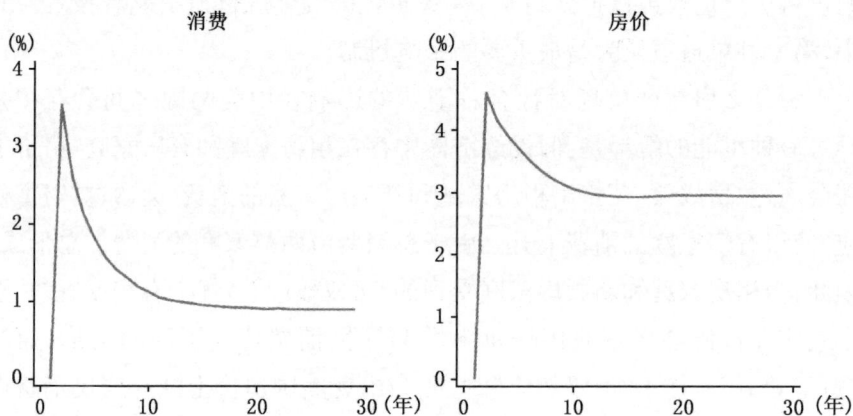

数据来源:上海财经大学经济学院。

图 71　引入再融资政策后消费和房价相对于初始稳态的变动

图 71 显示了引入再融资政策后家庭消费与房价相对于初始稳态的
动态变动情况,左图为家庭平均消费的变动情况,右图为房价的变动情
况。从左图中可以看出,在消费方面:(1)引入再融资政策当期,家庭的消
费立刻升高,平均而言,家庭消费会增加 3.5％以上。原因在于,一方面,
住房流动性的突然提高,再融资带来的家庭现金流增加,那些在初始稳态
时受到流动性约束的家庭此时可以利用再融资放松预算约束,从而使得
消费增加;另一方面,预防性储蓄动机的下降,由于住房流动性增加,即使

家庭未来受到更大的收入冲击,也可以通过再融资进行消费平滑,因此,此时家庭就不必要额外累积流动性资产,这也会使得消费上升。(2)随着时间的推移,再融资产生的家庭现金流增加的效应已被所有家庭所应用,家庭的现金流状态已是最优的内生决策,因此,这一渠道逐渐衰减,但预防性储蓄动机下降的效应仍然存在,最终稳态时,家庭消费平均增加1%左右。总的来说,引入再融资后家庭消费的上升,反映了在初始稳态时,再融资政策的缺失限制了家庭"财富效应"的实现以及住房流动性较低产生的预防性储蓄动机。

从右图中可以看出,在房价方面:(1)无论是短期还是长期,房价均显著上升。原因在于,一方面,再融资的引入使得住房资产的流动性增强,在未来受到负向收入冲击时,家庭不用调整住房就能获得现金流,平滑消费的能力增强,家庭的住房投资意愿增加,在住房供给保持不变的前提下,由此导致房价上升;另一方面,房产除了可以满足家庭的居住需求外,还具有预防性储蓄功能,再融资政策使得家庭房产的流动性增加,与流动性资产的差异性缩小,从调整家庭资产结构的角度来看,家庭会提高房产的比重、降低流动性资产的比重。(2)短期房价上升得更高一些。其中,短期上升4.5%左右,而长期上升3%左右。这是因为,在初始稳态时,家庭有额外的储蓄动机,使得初始稳态的家庭累积了大量的流动性资产,而在经济体引入再融资政策后,家庭资产组合调整的渠道非常强,使得对住房的需求较高。随着时间的推移,当所有家庭都可以进行再融资后,家庭资产组合调整的渠道开始衰减,只有住房流动性增强的渠道发挥作用,使得房价最终虽然仍高于初始稳态,但在量级上要比政策初期小一些。

除了消费和房价外,图72还显示了涉及房地产的其他变量,如住房拥有率、房贷以及流动性资产相对于初始稳态的变动情况。

在住房拥有率方面,总体而言,住房拥有率呈现上升趋势,最终稳态时上升了4%左右。原因在于,再融资政策使得有房家庭可以在需要时通过再融资获得现金流,因此,为了获得这一自我保险的渠道,家庭必须先拥有住房,这也使得购房家庭的比例上升。从住房拥有率与房价波动的图示可以看出,引入再融资会从集约边际(体现为房价的上升)和广延边际(体现为住房拥有率的上升)上提高家庭对住房的需求。在房贷方面,家庭累积的债务会大幅下降。原因在于,虽然引入再融资使得家庭通

住房拥有率　　　　　　　房贷　　　　　　　流动性资产

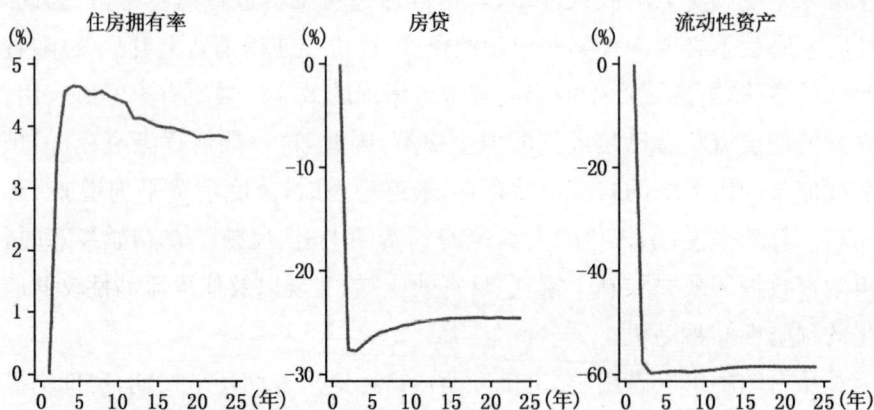

数据来源：上海财经大学经济学院。

图 72　引入再融资政策后其他变量相对于初始稳态的变动

过二次抵押借贷,导致家庭债务上升,但同时,由于家庭能否使用二次抵押取决于房屋净值的大小,因此,引入再融资相当于盘活了房贷,家庭此时可以提前还贷,保持一个较高的房屋净值额度,这样在需要的时候能进行二次抵押,这就导致引入再融资反而会降低家庭的债务负担。在流动性资产方面,家庭的流动性资产大幅下降,下降幅度甚至比房贷的下降幅度还要大。原因在于,一方面,住房的流动性增强会降低家庭的预防性储蓄动机,使得家庭没必要再累积更多的流动性资产;另一方面,住房流动性增强会产生资产组合效应,使得家庭降低资产中流动性资产的比例、提高房产的比例。同时,由于房贷的利率高于流动性资产的利率,家庭部门的资产优化还会在房贷与流动性资产之间进行,出于资产最优配置的角度,家庭也会用储蓄替代房贷,降低财务成本,这也就导致储蓄下降得最多。

从报告使用的模型可以看出,在初始稳态时,家庭有成为租房者、不调整住房以及调整住房三种情况。那么,在引入再融资后,家庭的各项选择在转移路径上是如何变动的? 图 73 显示了家庭的各项选择在转移路径上的变动情况。

租房者

不调整住房

调整住房

再融资

二次抵押

提前还贷

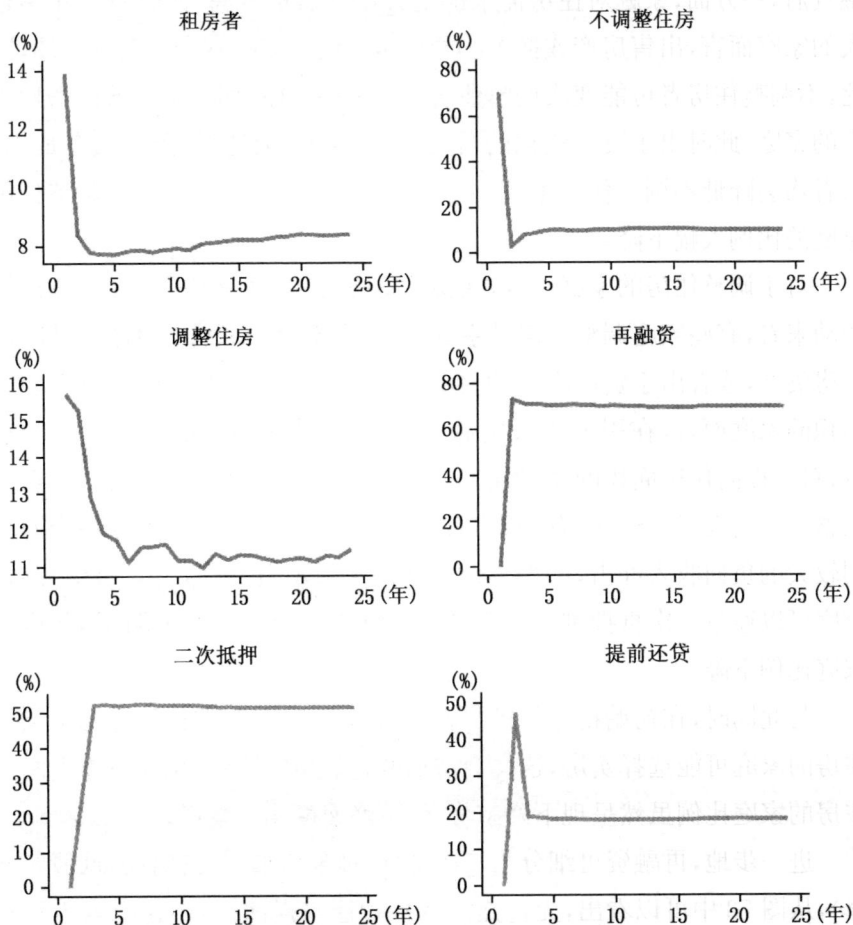

数据来源：上海财经大学经济学院。

图 73　引入再融资政策后家庭选择相对于初始稳态的变动

从图 73 中可以看出，当引入再融资后，三种选择的家庭均出现大幅下降，而再融资的比例大幅升高。

具体来看，对于租房者而言，引入再融资政策使家庭更愿意持有房产，在住房拥有率方面体现为上升，在成为租房者方面体现为成为租房者的比例下降。

对于不调整住房的家庭而言，在初始稳态时，由于房价保持不变，家庭没有调整住房获取财富效应的动机；同时，可能有些家庭虽然有足够的流动性资产进行提前还贷，但被再融资市场的缺失限制。因此，当引入再融资后,一方面,家庭对住房需求的上升使得房价升高,此时对于年龄较大的家庭而言,出售房产或换更小的住房从而获得财富变得有利可图,因此,不调整住房者可能变成调整住房者。另一方面,那些有足够流动性资产的家庭,此时出于资产优化的目的可能进行提前还贷,降低债务成本。二者均会降低不调整住房家庭的比例,这使得引入再融资后不调整住房家庭的比例大幅下降。

对于调整住房的家庭而言,在初始稳态时,从生命周期上住房资产的变动来看,有些家庭调整住房是主动的,是出于消费平滑的目的主动降低住房资产,或者出于资产累积的目的主动增加住房资产。对于降低住房面积的家庭而言,在引入再融资后,房价上升会增强家庭调整住房的动机;对于提高住房面积的家庭而言,房价上升会提高购房成本、降低家庭调整住房的动机。然而,有些家庭调整住房是被动的,即如果家庭当期受到较大的负向收入冲击,不得不调整住房平滑消费,此时引入再融资后,家庭可以通过二次抵押进行消费平滑,没必要再卖房,这使得调整住房的家庭比例下降。

与此同时,在初始稳态是租房者的家庭需要买房,在初始稳态不调整住房的家庭可能选择卖房,这又会增加调整住房的比例,从而整体上调整住房的家庭比例虽然呈现下降态势,但下降速度比较缓慢。

进一步地,再融资可细分为二次抵押(债务增加)与提前还贷(债务下降),从图 73 中可以看出,无论是二次抵押还是提前还贷,在引入再融资的当期都大幅增加。但由于进行提前还贷需要资金,而家庭只有在初始稳态时才额外累积了大量的资金,因此,提前还贷的比例虽然在第一期会大幅增加,但在第二期时会下降并趋于长期稳态。而对于二次抵押而言,由于引入再融资当期房价上升,家庭的房屋净值升高,因此,二次抵押的比例在第一期时会大幅增加;到了第二期,那些在第一期选择提前还贷的家庭已经有了足够的房屋净值,就可能选择二次抵押进行消费平滑。所以,二次抵押的比例会继续增加,然后趋于稳态。

在本报告的基准模型中,课题组假设经济体引入再融资政策的力度较大,即家庭选择再融资的成本较小($F_m = 0$)。进一步地,为了考察不同的政策引入力度的影响,同时作为基准模型的稳健性检验,课题组还做了另外三组政策实验。具体而言,课题组将家庭选择再融资的成本依次加大,使得其分别为 0、0.01、0.03($F_m = 0$、$F_m = 0.01$、$F_m = 0.03$),然后检验消费、房价、房贷以及流动性资产的变动。图 74 显示了在不同政策引入力度下,总消费和房价相对初始稳态的变动情况。

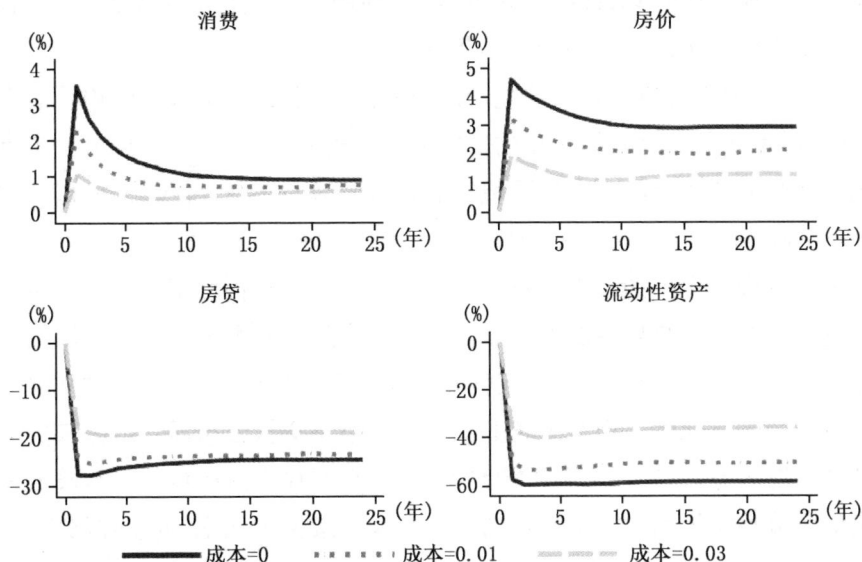

数据来源:上海财经大学经济学院。

图74　再融资政策力度不同对宏观变量相对变动的影响

从图 74 中可以看出,引入再融资政策力度越小,即再融资成本越大,对消费和房价的影响越小。原因在于,再融资成本越大,选择再融资的家庭就越少,因此带来的影响就越小;同时,由于家庭选择再融资的比例下降,房贷与流动性资产的变动也就越小。当再融资成本足够高时,家庭进行再融资的值函总是小于其他三种选择,那么对于家庭来说,引入再融资的政策只会存在于纸面上,而不会被家庭所使用,因此,也就不会产生宏观影响。当然,即便是再融资存在成本,只要成本足够小,就相当于对家庭提供了额外的选择,因此,仍会对房地产起到稳定作用。

以上结果表明,在进行再融资政策改革时,要找准合适的政策设定,对于家庭来说,如果再融资的成本过高,那么政策的效果就会大打折扣。

当然,课题组需要说明的是,上述政策并不会影响"房住不炒"的房地产指导方针。首先,课题组的分析只是聚焦于家庭首套房的流动性,如果将家庭的多套房选择考虑进来,那么政策制定者仍然可以针对非首套房设定不同的信贷政策和利率政策,从而起到调控家庭多套房选择的目的。因此,本报告的分析并不违反针对多套房购买的信贷或者利率政策的限定,只是假定在家庭购买住房之后,增强住房的流动性会产生的宏观影响。近些年来受到热议的"以房养老"等利用房产进行的金融创新产品,是本报告所提出政策的一个更小范围的试用。

其次,本报告仅聚焦于房地产市场的需求侧,针对家庭已经购买的房产,本质上还是一个有标的物的抵押借贷。现有文献表明,导致房地产市场金融脆弱性上升的一个重要原因是抵押贷款证券化(mortgage-backed security,MBS),而金融资产证券化是美国 2008 年金融危机的一个重要原因。本报告提出的政策并不涉及房贷资产的打包再利用,因此,不涉及房贷风险在金融机构内部的传播。本报告聚焦于原本就属于家庭的住房净值资产,提出的金融创新也仅仅是让正规金融机构提供二次抵押,盘活住房资产的流动性。现在市场上也有一些小额贷款公司提供类似二次抵押的金融服务,但这些金融机构并不正规,甚至存在违法行为。本报告提出的政策是从供给侧金融改革的角度将这一服务正规化、可监管化。

因此,从上述分析可知,本报告提出的提高住房资产流动性的政策并不违反"房住不炒"的房地产指导方针。

第六章

警惕地方政府债务扩张风险向影子银行系统传导,助力金融强国建设

    金融是国民经济的血脉,是国家核心竞争力的重要组成部分。加快建设金融强国,是中国经济长远发展的战略抉择,更是在经济全球化进程中维护国际金融安全的重要举措,而防控金融风险是建设金融强国的重要保障。历史经验和教训表明,维护金融安全是关系国家经济社会发展全局的战略性、根本性大事。党的二十大报告强调,要持续"强化金融稳定保障体系,依法将各类金融活动全部纳入监管,守住不发生系统性风险底线";2023 年中央金融工作会议进一步强调,要"全面加强金融监管,有效防范化解金融风险"。根据财政部数据,截至 2024 年 3 月底,全国地方政府债务余额高达 416 940 亿元,其中,一般债务 161 585 亿元,专项债务 255 355 亿元。因此,地方政府债务问题成为系统性金融风险的主要来源之一,防范化解地方政府债务扩张风险,切实维护财政金融稳定,是坚决打好防范化解重大风险攻坚战的重要任务。

    作为地方政府财力的重要补充,地方债务在弥补地方政府财权和支出责任缺口、推动地方经济快速增长等方面发挥了积极作用,但地方政府对于举债的过度依赖和大规模举债也会影响财政健康和安全状况,从而引发不容忽视的债务风险。中国地方政府债务风险也是"新一轮财税体制改革"需要攻克的关键问题,无论是从显性债务还是隐性债务的角度来

看,财政收支不平衡问题和地方政府债务问题愈加凸显。

由于金融系统是地方政府融资的主要渠道,且地方政府债务与金融风险关联复杂,如果不及时化解地方政府债务风险,很容易引发系统性财政金融风险,存在向财政金融体系加速风险传导的隐患,进而严重威胁经济健康发展和社会民生稳定。基于此,本报告试图对中国地方政府债务风险情况进行全面分析,并切断地方政府债务扩张风险向金融体系传导的途径,为实现金融强国建设目标提供稳定的支撑。

一、地方政府债务风险的主要形成机制

要有效化解地方政府债务风险,必须从当前中国经济增长模式的整体性角度理解地方政府债务形成的内在机制。纵观已有研究,中国地方政府债务风险的形成机制主要有五个方面(见图 75)。

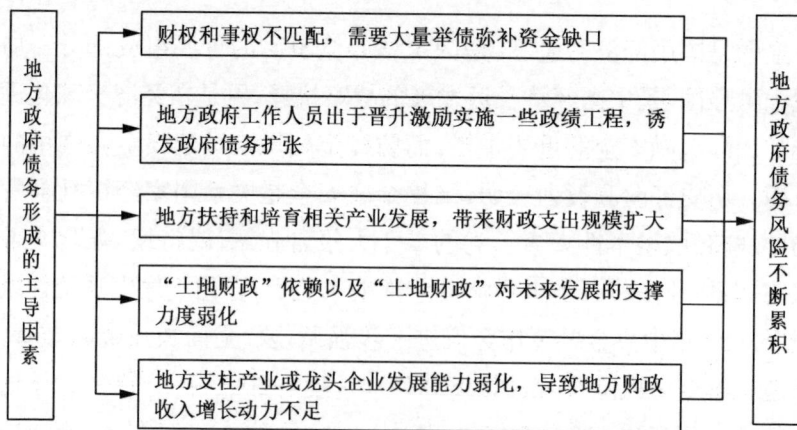

图 75　中国地方政府债务扩张风险的主要形成机制

第一,财权和事权不匹配。分税制改革之后,财权不断上提,事权却逐渐下移,地方政府在医疗、社保、教育等领域的投入不断增加,导致地方政府财政收支差额不断拉大,地方政府不得不加强预算约束,寻求财政支出的收入最大化。在此背景下,为了弥补工业化和城市化建设带来的巨大的资金缺口,地方政府开始设立投融资平台进行举债,就此埋下地方债务的风险隐患。

第二,地方政府工作人员出于晋升激励实施一些政绩工程,可能诱发政府债务扩张。无论是哪一层级的地方政府机构,地区经济增长水平以及在相关区域内的排名变动,都是地方政府工作人员能否得到晋升和提拔的重要考核指标之一。一个不容忽视的现象是,地方政府工作人员出于自身晋升激励动机而倾向于实施更多政绩工程,在一定程度上给地方财政支出带来增长压力,成为地方政府债务规模持续扩张和债务风险累积的诱因之一。

第三,地方扶持和培育相关产业发展,以及与"保增长""稳增长""促增长"相关的各种形式的财政补贴,带来财政支出规模扩大。地方政府财政资金所设置的各种扶持和培育地方产业发展以及实施"保增长""稳增长""促增长"的手段,已经成为当前各级地方政府财政支出的重要组成部分,也是地方政府债务规模持续扩张和债务风险不断累积的重要驱动因素之一。

第四,"土地财政"依赖以及"土地财政"对未来发展的支撑能力弱化,加大地方政府债务风险。当房地产业整体上由高速增长期进入常态化发展阶段,不少地方政府的土地出让收入出现明显下滑,依赖土地出让收入来维持地方政府运行而增加财政供养人口规模的模式便难以为继,加速了地方政府债务风险的快速累积。

第五,地方支柱产业或龙头企业发展能力弱化,导致地方财政收入增长动力不足。当前,中国正处于产业结构调整优化和经济新旧动能转化的关键时期,正在从依赖资源消耗的粗放型增长模式向创新驱动型增长模式转变。与此同时,不少地区的传统产业或支柱产业不同程度地面临同质化竞争、产能过剩、经营效益低下等问题,导致地方政府依靠地区支柱产业获得税收收入的能力减弱,特别是中西部地区面临的传统支柱产业发展能力弱化的问题更为突出。

二、地方政府债务现状及风险状况

(一)地方政府债务发行规模创历史新高

2023年中国经济整体呈现回升向好的态势,但同时面临外部环境复杂性、严峻性、不确定性上升,以及国内需求不足、部分行业产能过剩、社会预期偏弱、重点领域风险隐患较多等大挑战。在此背景下,地方政府债券仍发挥其逆周期调节作用,全国共发行地方债 93 254 亿元,较上年大幅增加 19 697 亿元;净融资额为 56 606 亿元,较上年增加 10 808 亿元。如图 76 所示,截至 2023 年底,全国地方政府债务余额 407 373 亿元,其中,一般债务 158 688 亿元,专项债务 248 685 亿元,已突破 40 万亿元关口,但仍控制在全国人大批准的限额内。此外,地方政府负债率 37.28%,虽然低于国际通行警戒值,风险整体可控,但近年来呈现逐渐攀升态势。

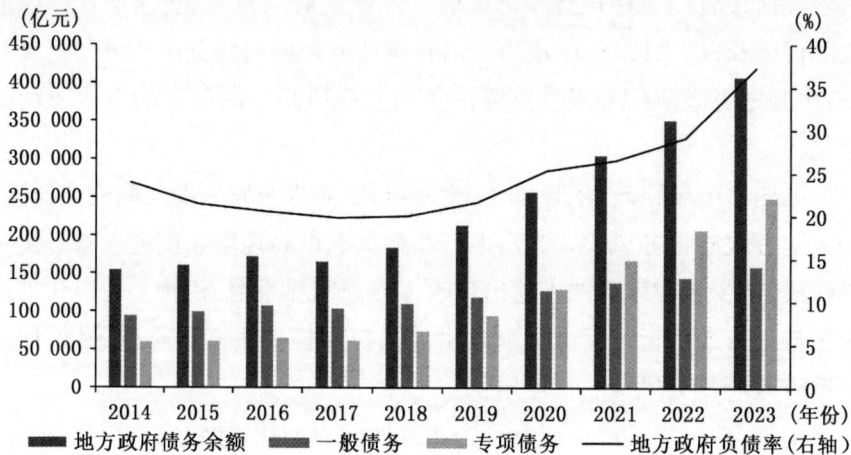

数据来源:上海财经大学经济学院、财政部。

图 76 地方政府债务余额及负债率

从各省份来看,如图 77 所示,2023 年地方政府债务余额排序前五分别为广东省(含深圳市)、山东省(含青岛市)、浙江省(含宁波市)、江苏省和四川省,排序较上年基本一致,存量规模分别为 2.98 万亿元、2.75 万亿元、2.29 万亿元、2.27 万亿元和 2.06 万亿元,合计占地方政府债券存量余额的 30% 以上;之后为河北省、湖南省、河南省、安徽省、湖北省和贵州省,地方政府债券余额在 1.50 万亿~1.90 万亿元之间;吉林省、上海市、黑龙江省、甘肃省、山西省、海南省、青海省、宁夏回族自治区和西藏自治区的地方政府债券存量规模降序排列靠后,均不足万亿元。

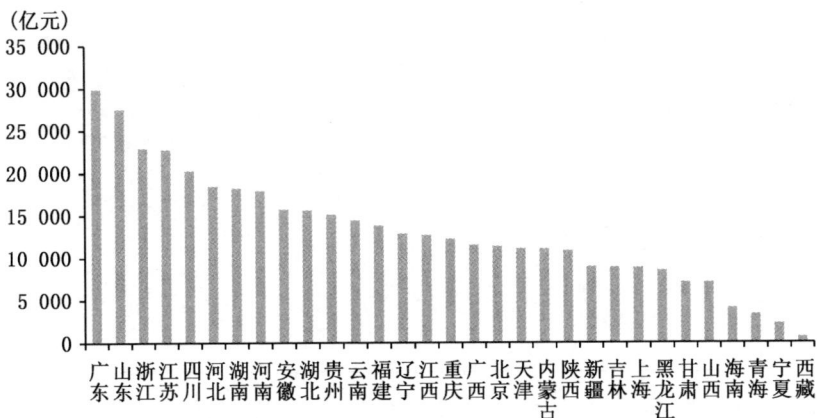

（亿元）

数据来源:上海财经大学经济学院、财政部。

图 77　2023 年地方政府债务余额情况

(二)地方政府债务剩余平均年限明显拉长

自 2019 年开始,地方政府债务剩余平均年限呈现快速上升的趋势,如图 78 所示。截至 2023 年底,地方政府债务剩余平均年限为 9.1 年,较 2019 年初拉长 4.7 年;一般债券平均剩余期限 6.3 年;专项债剩余平均年限增长较快为 10.9 年,首先在 2022 年下半年增长超过 10 年,特别是允许使用专项债作为重大项目资本金后,30 年超长期的基础设施专项债发行大幅增加,显著拉长了整体债务期限。从各省份的情况来看,海南、内蒙古、上海和北京存续地方政府债券平均剩余期限较短,均低于 7 年;重庆、广西、吉林和江西存续地方政府债券平均剩余期限较长,均高于 11 年。

从发行期限分布来看,如图 79 所示,2023 年存量地方政府债务对应发行期限以 10 年期、7 年期、5 年期为主,余额分别为 13.22 万亿元、7.93 万亿元和 4.95 万亿元,占存量地方政府债务的比重分别为 33.01%、19.81% 和 12.35%。其中,10 年期存量规模比重较上年提高 1.52 个百分点,仍保持首位;7 年期和 5 年期存量规模比重分别较上年下降 2.87 个百分点和 3.58 个百分点。此外,20 年期和 30 年期存量规模占比分别较上年末提高 1.59 个百分点和 1.79 个百分点,达到 9.99% 和 11.05%,债券发行期限偏长期化。

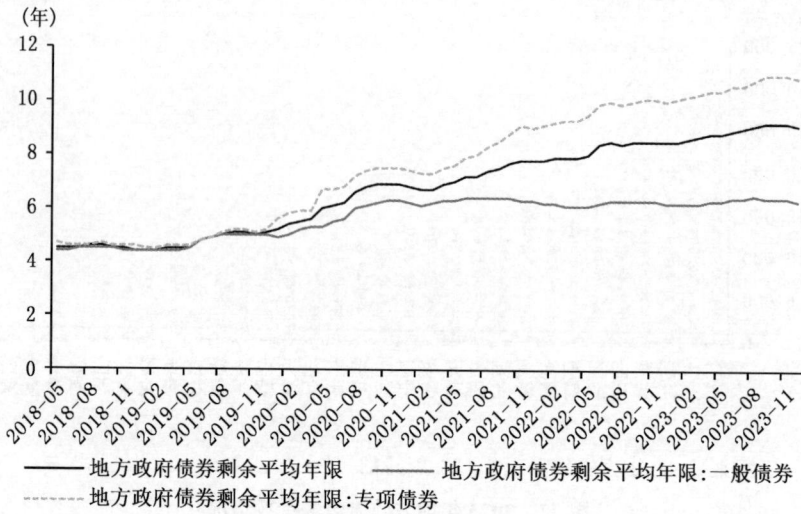

数据来源：上海财经大学经济学院、财政部。

图78　地方政府债券剩余平均年限

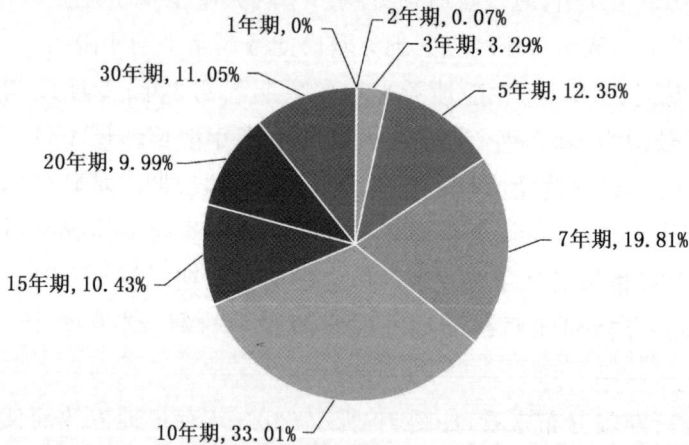

数据来源：上海财经大学经济学院、财政部。

图79　2023年地方政府债券发行期限分布情况

(三)新增专项债投向仍是优先支持重大项目

从全国新增专项债投向来看,重大项目是专项债的主要投向。财政部在2023年上半年财政收支情况新闻发布会上指出,专项债券应优先支持国家重大战略和重大项目建设。截至 2023 年 11 月末,新增专项债投向较为集中,前四类投向主要为:市政及产业园区基础设施、交通基础设施、社会事业、保障性安居工程(见图 80)。新增规模分别为 11 616 亿元、6 307 亿元、5 602 亿元、4 690 亿元,占比分别达 34.0%、18.5%、16.4%、13.7%,而生态环保和能源、城乡冷链物流基础设施等类别规模较少,占比仅为 3.6% 和 0.4%。同时,个别领域进行了扩围,保障性安居工程新增城中村改造、保障性住房,专项债用作资金资本新增了供气、供热两个领域。

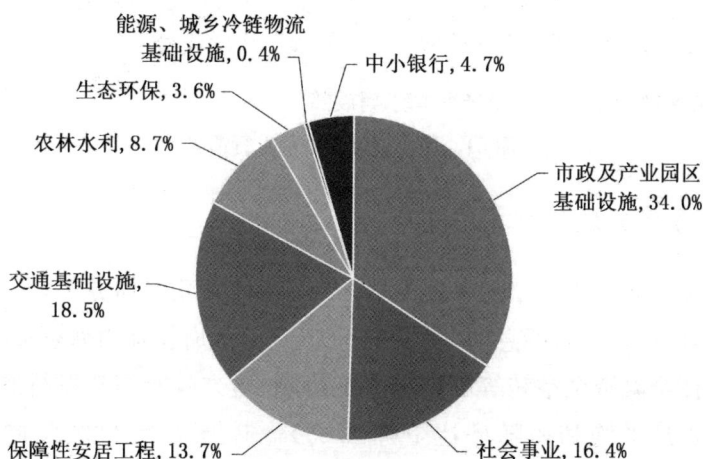

数据来源:上海财经大学经济学院、财政部。

图 80　地方政府新增专项债投向(截至 2023 年 11 月)

支持化解中小银行风险专项债发行量扩大。考虑到中小银行面临资本消耗快、资本充足率水平偏低、资本补充渠道窄等问题,2023 年支持中小银行化解风险的专项债发行量扩大,为中小银行提供资本补充。其中,有 16 个省份发行支持中小银行专项债,涉及的银行主体(含农村信用合作社、农商行、城商行)共计 131 家。截至 2023 年底,如图 81 所示,合计发行 4 913 亿元,发行利率大多为 2.5%～3.5%。

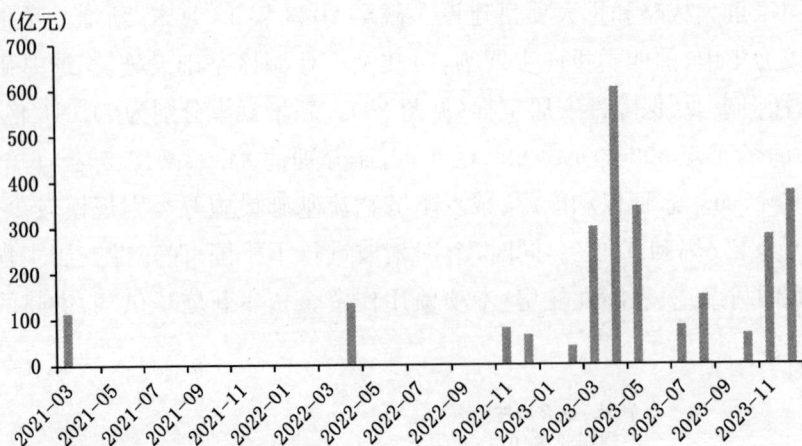

数据来源:上海财经大学经济学院、财政部。

图 81   中小银行专项债发行情况

(四)地方债务发行利率稳中有降

伴随着无风险利率的中枢下移,2023 年地方政府债券平均发行利率稳中有降,但在 8 月降息后,受汇率压力、地方政府特殊再融资债券发行、政策关注金融资金空转等因素的叠加影响,地方政府债券发行利率有所回升,12 月平均利率随环比下降 2.83%,但仍高于 2022 年同期水平(2.77),如图 82 所示。整体而言,地方政府债务发行利率呈现下降趋势。

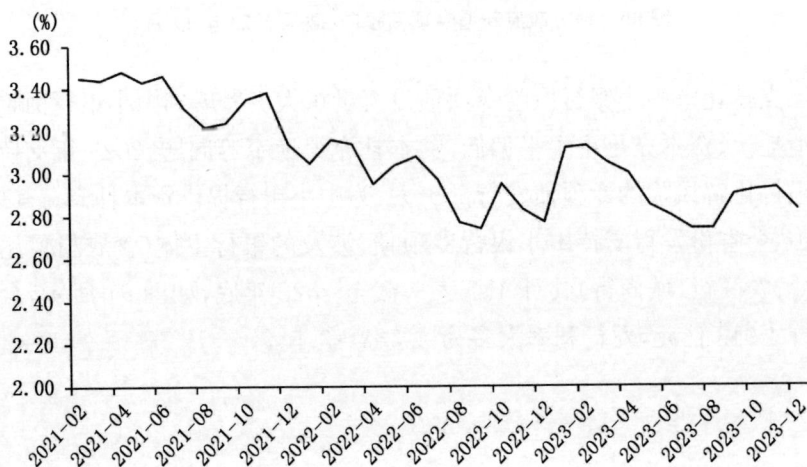

数据来源:上海财经大学经济学院、财政部。

图 82   地方政府债券平均发行利率

(五)隐性债务(城投债)偿付压力增加,违约事件频发

实践中,地方政府显性债务仅仅是地方政府债务的一部分,另一部分是隐性债务,且大部分通过地方投融资平台进行融资。尽管 2014 年以来多份政策文件已经明确划分了地方融资平台融资与地方政府债务的界限,但在相当长一段时间内,地方政府与地方融资平台之间依然存在千丝万缕的联系。鉴于地方融资平台在地方政府隐性债务形成中的重要性,大多数已有研究采用地方城投有息债务刻画地方政府隐性债务。[①]

近年来,地方融资平台债务总规模不断增长,2024 年初发布的关于中国财政状况的报告中提到,2023 年底地方融资平台债务余额约 60 万亿元。报告也指出,60 万亿元不会被全部认定为地方政府隐性债务,很多是以企业债务的形式存在。另外,Wind 数据显示,城投债务余额为 12 万亿元,隐性债务约 66 万亿元。从期限结构来看,到期债务压力(一年内需偿还的债务)迅速上升。对融资平台而言,当前的风险不仅包括债务总规模大而产生的信用风险,而且包括到期债务压力大所产生的流动性接续风险,无论是发行债券还是从银行获得贷款,举债期限都变得越来越短。因此,一些债务到期压力较大的地区出现了融资平台非标债务违约高发的现象。据不完全统计,各地区城投非标违约的累计数量已经超过了 300 多起,如贵州已经出现多起城投非标违约的事件(见图 83)。

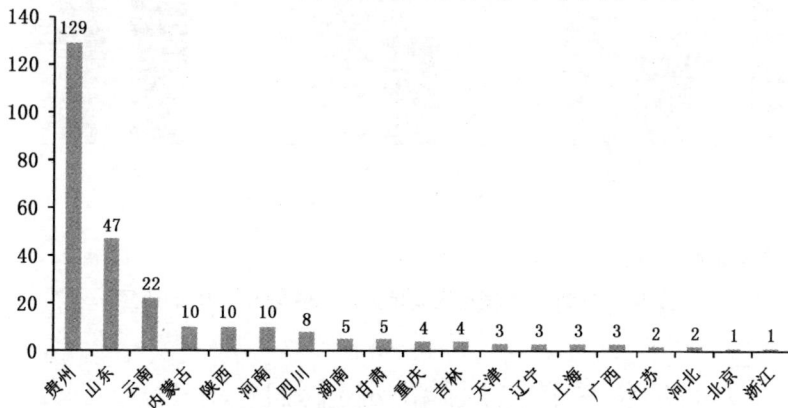

数据来源:上海财经大学经济学院、百度搜索。

图 83　各地区城投非标违约事件

---

① 毛捷,徐军伟. 中国地方政府债务问题研究的现实基础——制度变迁、统计方法与重要事实[J].财政研究,2019(1):3—23.

整体而言,结合地方政府一般债和专项债的存量(40 万亿元),保守估计,综合地方政府性债务在 80 万亿元左右,可能超过 100 万亿元。结合中国 2023 年 GDP 水平(126 万亿元),地方政府性债务占 GDP 比重相对较高。

(六)地方政府债务风险分化加剧

目前,我国地方政府隐性债务风险较高,且债务风险存在较为明显的地区异质性,经济欠发达的中西部地区的债务风险水平相对较高,潜在的债务风险不容忽视。西部地区财力比较薄弱,政府债务风险在局地聚集的现象越来越突出。整体来看,同东部发达地区相比,西部地区的负债率更高,无论是显性负债率还是包含融资平台在内的广义负债率,西部地区都比东部地区高,区域间债务分化状况加剧(见图 84)。在全国 31 个省份中,有 24 个省份的地方政府债务与 GDP 之比超过《马斯特里赫特条约》规定的 60%警戒线,贵州、天津、甘肃、云南、青海、吉林更是超过了 100%。

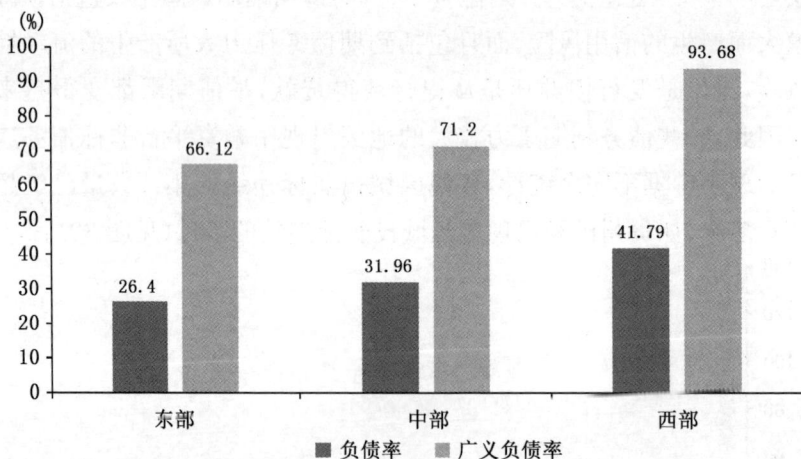

数据来源:上海财经大学经济学院、Wind。

图 84　2022 年不同地区间地方政府债务占 GDP 的比重

三、地方政府债务扩张风险的外溢效应

作为联结财政—金融的重要载体,地方政府债务扩张风险极易外溢至

金融系统[①],成为防范化解系统性金融风险的"灰犀牛"。从现实经济运行过程来看,地方政府债务资金主要来源于银行部门,如图85所示,在地方政府债务管理体制改革之前,根据2013年审计署报告,在地方政府性债务资金来源中,高达56.56%的债务资金来源于银行贷款。

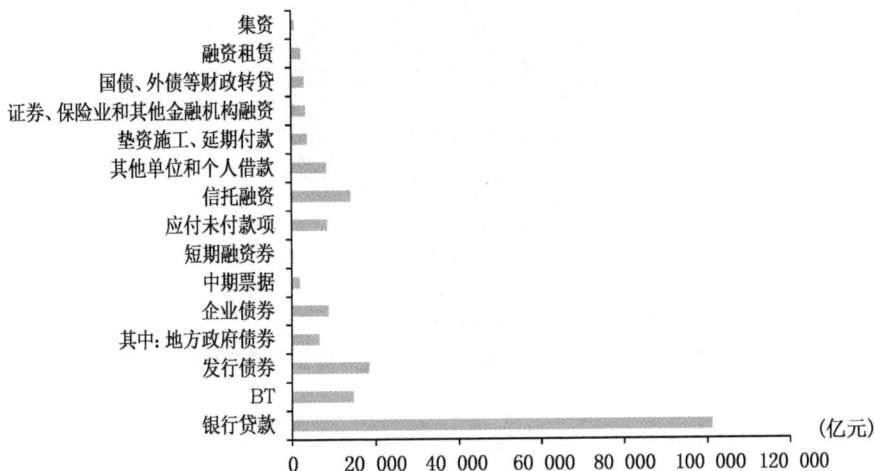

数据来源:上海财经大学经济学院、审计署。

图85 2013年6月底地方政府性债务资金来源情况

在地方政府债务管理体制改革之后,如图86所示,根据财政部2023年12月《地方政府债券市场报告》数据,在中国地方政府债券投资者结构中,商业银行持有332 116.98亿元,占比81.87%,是地方政府债券的主要购买者;保险机构持有17 237.80亿元,占比4.25%;非法人产品持有22 515.02亿元,占比5.55%;其他境内机构持有18 526.56亿元,占比4.57%;境外机构持有82.05亿元,占比0.02%。

此外,不同于家庭、企业等其他经济行为主体,地方政府与银行间并不仅仅是单纯的债务债权关系,还广泛存在着盘根错节的关联关系。[②]可见,地方政府债务扩张风险不仅是财政问题,更是金融问题,一旦爆发违约事件,极有可能引发溢出效应和联动效应,使财政风险传导成金融风

---

① 徐忠. 新时代背景下中国金融体系与国家治理体系现代化[J]. 经济研究,2018,53(7):4—20.
② 郭玉清,何杨,李龙. 救助预期、公共池激励与地方政府举债融资的大国治理[J]. 经济研究,2016,51(3):81—95.

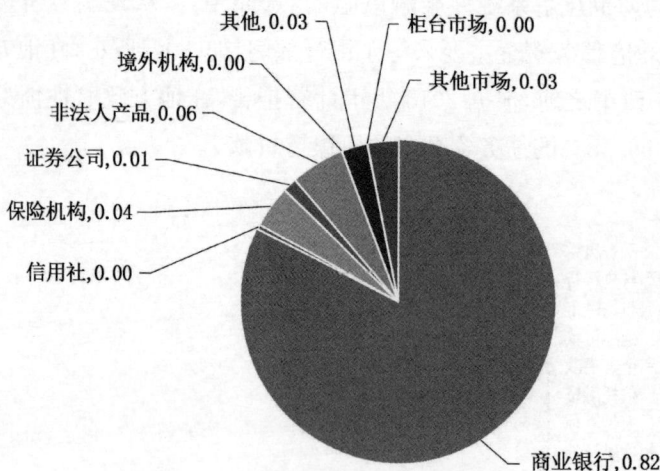

数据来源：上海财经大学经济学院、财政部。

图 86 2023 年 12 月底地方政府债券投资者持有结构

险。习近平总书记指出："防范化解金融风险特别是防止发生系统性金融风险，是金融工作的根本性任务。"为此，构建地方政府债务风险化解长效机制，对于防范化解系统性金融风险至关重要。

在中国以商业银行为主导的金融体系下，近年来金融体系的格局正在悄然发生改变，其中重大变化之一是影子银行规模骤然增加。根据银保监会发布的《中国影子银行报告》数据，金融危机以后影子银行年均增速高达 20%，截至 2019 年底，风险较高的狭义影子银行规模为 39.14 万亿元，广义影子银行规模高达 84.80 万亿元。影子银行长期游离于监管体系之外，具有高杠杆、低透明度、风险隐蔽性强等属性，蕴含着极大的风险。不同于欧美发达国家以证券化和金融创新为基础的影子银行体系，中国式影子银行主要依附于商业银行，更多的是传统信贷业务的替代品。① 那么，一个自然的问题是，为什么商业银行会选择用影子银行业务来代替传统信贷业务呢？从现实经济运行来看，影子银行是在地方政府融资需求急剧扩张的过程中骤增的②，而地方政府融资需求增加的直接

---

① 孙国峰，贾君怡. 中国影子银行界定及其规模测算——基于信用货币创造的视角[J]. 中国社会科学，2015(11)：92—110＋207.

② Chen Z., He Z., Liu C. The financing of local government in China：Stimulus loan wanes and shadow banking waxes[J]. Journal of Financial Economics，2020，137(1)：42—71.

后果是地方政府债务规模的急剧攀升,几近触及债务限额的"天花板",可见,地方政府激增的融资需求和潜在的债务风险是促使银行表内外资产负债结构深度转变的重要因素。那么,地方政府债务扩张以及潜在的债务风险对影子银行有何影响? 接下来,本报告将对这个问题进行深入探讨。

(一)样本选择与数据来源

鉴于中国影子银行规模骤增始于 2008 年的金融危机,为使研究区间更具针对性,本报告选取 2008—2018 年商业银行年度数据作为研究样本。在数据来源方面,银行特征变量数据主要来源于国泰安数据库(CSMAR)、万德数据库(Wind)和中国研究数据服务平台(Chinese Research Data Services Platform,CNRDS),其中,部分变量的缺失数据通过查阅全球银行与金融机构分析库(ORBIS Bank Focus)、银行历年年报以及历年《中国金融年鉴》,最大限度手动将其补充完善。最终获得 178 家商业银行的非平衡面板数据,其中包含 5 家大型国有商业银行、12 家全国性股份制商业银行、104 家城市商业银行和 57 家农村商业银行,共计 1 445 个年度观察值。从银行资产规模来看,样本期间银行资产占行业总资产的比值维持在 78.87% 以上,基本能够代表银行业的整体状况。地区宏观经济变量数据主要来源于 CEIC 数据库、历年《中国统计年鉴》和中国人民银行官方网站。

(二)经验结果及分析

为了验证地方政府债务扩张对影子银行的影响,本报告构建如下静态面板数据模型:

$$Shadow_{ijt} = \beta_0 + \beta_1 LGD_{jt} + \phi X_{ijt} + \vartheta Y_{jt} + \lambda_i + \lambda_t + \varepsilon_{ijt}$$

其中,$i=1,\cdots,N$,表示银行个体;$j=1,\cdots,K$,表示银行所在地区;$t=1,\cdots,T$,表示观察年份;被解释变量 $Shadow_{ijt}$ 表示位于地区 j 的银行 i 在第 t 年的影子银行规模;核心解释变量 LGD_{jt} 表示在第 t 年所属地区 j 的地方政府债务规模;X_{ijt} 表示银行个体层面控制变量集合;Y_{jt} 表示地区宏观经济层面控制变量集合;λ_i 表示银行个体固定效应;λ_t 表示年份固定效应;ε_{ijt} 表示多维度的随机扰动项。

在影子银行指标选取上,本报告根据"有借必有贷"的会计原理,影子银行规模变动会同时反映在银行资金的融入端和资金的融出端。① 从资金的融入端看,已有文献采用理财产品发行规模作为影子银行的衡量指标②,但部分理财产品业务是否属于影子银行范畴尚无共识,且银行理财产品业务品类繁多,涉及会计科目较多,难以避免重复计算问题。鉴于此,本报告从资金的融出端角度,选取"买入返售金融资产"与"应收款项类投资"两个科目之和占银行总资产的比值作为影子银行的代理变量,该变量数值越大,表示银行参与影子银行业务程度越高,意味着影子银行规模越大。

根据中国审计署统计地方性政府债务口径,地方性政府债务主要包括政府负有直接偿还责任的债务、政府承担担保责任的债务以及政府负有救助责任的债务。由于后两类债务并不需要地方政府当期直接偿还,且仅限于接受专门债务审计的地区存在,数据缺失较为严重,故本报告采用地方政府负有直接偿还责任的债务衡量地方政府债务规模。考虑到相关统计部门并未公布统一口径的年度地方政府债务数据,为确保地方政府债务数据尽可能真实、准确和连贯,本报告在已有研究的基础上,分三个时间段估算和收集地方政府债务数据。具体如下:首先,对于 2010 年之前的地方政府债务数据,采用地方政府投资额现金平等式进行估算。其次,从审计署及各地区审计局公布的 2013 年 6 月政府性债务审计结果公告中,获取 2010 年底、2012 年底和 2013 年 6 月底各地区负有偿还责任的债务数据。另外,各地区审计结果中还提供了该类债务的年均增长率,据此可以推算出各地区 2011 年底和 2013 年底的债务数据。最后,从各地区历年发债说明书中手工摘录 2014 年之后地方政府负有偿还责任的债务数据,若地区发债说明书中没有披露该类债务数据,便采用财政部公布的分地区一般债务和专项债务之和表示。考虑到不同地区经济发展水平具有较大差异,若直接采用地方政府债务绝对规模可能使得研究结论存在偏差。鉴于此,本报告采用地方政府债务余额与地区 GDP 的比值,

---

① 孙国峰,贾君怡.中国影子银行界定及其规模测算——基于信用货币创造的视角[J].中国社会科学,2015(11):92—110+207.

② 刘莉亚,黄叶苨,周边.监管套利、信息透明度与银行的影子——基于中国商业银行理财产品业务的角度[J].经济学(季刊),2019,18(3):1035—1060.

即地方政府负债率(*LGD*)衡量地方政府债务。

　　为了直观地展示地方政府负债率与影子银行规模之间的关系，图87绘制了两者之间的散点图，可以发现其拟合线呈正相关走势，即影子银行规模随地方政府债务规模的扩张而增加。

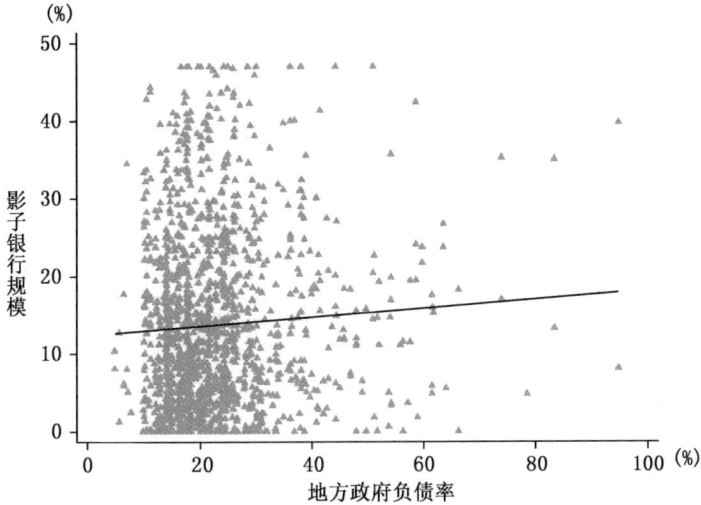

数据来源：上海财经大学经济学院、CSMAR、Wind、中国研究数据服务平台。

图 87　地方政府负债率与影子银行规模

　　表1显示了地方政府债务对影子银行影响的回归结果。其中，第(1)列为仅控制个体固定效应和年份固定效应，并以此作为比较基础，结果显示，地方政府负债率(*LGD*)的回归系数显著为正，这表明地方政府债务扩张会造成影子银行规模增加。第(2)列为添加银行个体特征控制变量的回归结果，不难发现地方政府负债率(*LGD*)的回归系数也依然显著为正，说明地方政府债务规模对影子银行规模的影响与银行自身特征无关。第(3)列进一步加入地区宏观经济层面的控制变量，回归结果显示，地方政府负债率(*LGD*)的符号和显著性水平均未明显改变。从经济意义上看，以表中第(3)列为例，地方政府负债率的回归系数为0.093 9，意味着地方政府债务规模每扩张1个单位，影子银行规模增加0.093 9个单位，具有较强的经济显著性。

表 1 地方政府债务与影子银行规模

变量	(1)	(7)	(8)
	Shadow	*Shadow*	*Shadow*
LGD	0.110 7**	0.106 4***	0.093 9**
	(0.044 7)	(0.040 2)	(0.038 8)
Bank FE	Yes	Yes	Yes
Year FE	Yes	Yes	Yes
银行层面变量	无	有	有
地区层面变量	无	无	有
样本量	1 445	1 445	1 445
银行数	178	178	178
Adj-R^2	0.231 4	0.300 6	0.304 4

注：*、**、*** 分别表示在 10%、5%、1% 的显著性水平下显著。

(三)理论分析

进一步地,本报告通过理论模型探究地方政府债务扩张对影子银行的影响及作用机制。具体地,本报告构建包含家庭部门、银行部门、国有企业、民营企业、资本生产者和地方政府在内的六部门 DSGE 模型。在经济体中,家庭部门通过消费获得效用,为企业提供劳动获得工资,并向银行提供存款获得利息收入,还需向地方政府缴税。银行部门从家庭吸收存款,通过传统信贷渠道为民营企业提供贷款,通过传统信贷业务和影子银行渠道为国有企业及地方政府提供贷款,进而获得贷款利息收入。国有企业和民营企业从家庭部门雇佣劳动,从资本生产者部门购买新增资本,进行生产性活动,同时向地方政府部门缴纳税收。资本生产者部门为企业提供新增资本,以实现利润最大化。地方政府部门从银行部门贷款获得债务性资金,向家庭部门和企业部门征税,以维持财政收支平衡。

图 88 给出了当地方政府债务扩张 1% 时,各主要经济变量的脉冲响应结果。数值模拟结果表明,地方政府债务扩张会造成影子银行规模增加。当地方政府债务产出比增加时,一方面会挤出民营企业融资,造成民营企业融资规模下降、融资成本增加,从而导致实体经济恶化、总产出水平下

降,并且实体经济的困境会进一步传导至银行系统,使得银行资产收益下降;另一方面,在银行传统信贷业务面临杠杆率监管压力的情形下,地方政府融资需求增加意味着影子银行资产供给增加、影子银行资产的使用价格下降,造成银行资产负债表缩水、银行自有资金下降,并长期处于稳态水平之下。这些因素共同影响银行的信贷供给决策,使得银行倾向于利用影子银行渠道放贷,造成传统信贷总规模下降,而影子银行总规模增加。

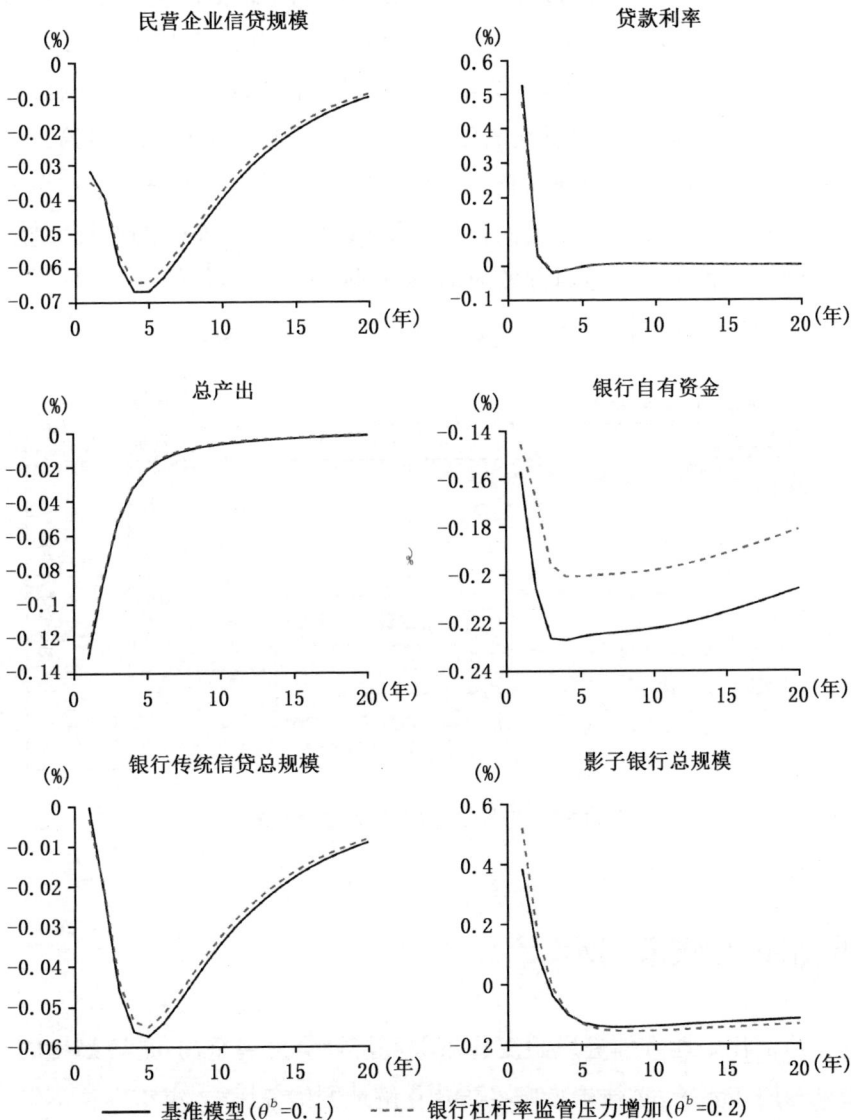

图88 地方政府债务规模扩张对影子银行的影响及机制

　　为了更直观地呈现地方政府债务扩张影响影子银行的作用机制,本报告分别从传统信贷市场和影子银行市场资金的供需变化进行分析。如图 89 所示,地方政府债务扩张会通过两种效应影响影子银行:一是配置效率损失效应。当地方政府债务融资需求增加时,一方面地方政府债务融资增加会直接挤出实体经济融资,造成实体经济状况恶化,导致实体经济的传统信贷需求下降;另一方面,由于银行的传统信贷业务面临资本监管压力,为规避监管,地方政府对影子银行业务的需求增加。二是风险负反馈效应。银行的影子银行业务属于风险资产,由影子银行需求增加造成的影子银行资产价格下降,会造成银行资产缩水,这意味着其面临的监管压力增加,这时作为市场化的微观主体银行将自发调整信贷供给方式,用影子银行渠道代替传统信贷渠道投放贷款。综合上述分析不难发现,地方政府债务扩张造成影子银行规模增加,并且银行面临的杠杆率监管压力会放大和强化上述两种效应的影响,即银行所面临的杠杆率监管压力是地方政府债务扩张影响影子银行的重要传导机制。

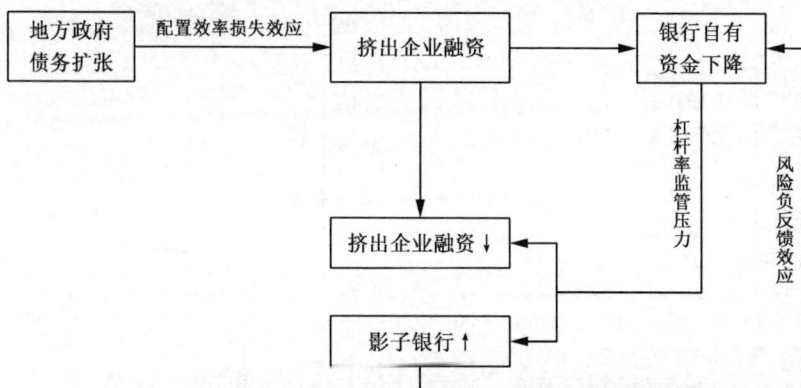

图 89　本报告理论机制传导示意图

四、结论与政策启示

　　防范化解地方债务风险工作事关经济社会发展全局,是统筹发展与安全的内在要求,必须积极稳妥防范化解地方债务风险,牢牢守住不发生系统性风险的底线。为此,中央金融工作会议明确指出,要"建立防范化解地方债务风险长效机制,建立同高质量发展相适应的政府债务管理机制。"本报告总结归纳了当前中国地方政府债务状况和风险状况,发现地方政府债务发行规模创历史新高,债务剩余平均期限明显拉长,新增专项债投向仍是优先支持重大项目建设。此外,地方政府债务发行利率呈现稳中有降的趋势,隐性债务偿付压力增加、违约事件频发,且不同地区间地方政府债务风险分化不断加剧。考虑到地方政府债务扩张风险不仅是财政问题,更是金融问题,本报告详细分析了地方政府债务扩张对影子银行的影响,研究发现,地方政府债务扩张会促使影子银行规模增加,且地方政府债务扩张会通过配置效率损失效应和风险负反馈效应影响影子银行规模。

根据以上分析结论,本报告认为,需要进一步厘清地方政府债务扩张风险向金融体系传导的途径,压实地方政府主体责任,遏制增量、化解存量,有序推进地方政府债务风险防范化解。更重要的是,要建立同高质量发展相适应的政府债务管理机制,坚持以政府债务助力高质量发展,在发展中化解债务风险的战略思想,全方位推动经济社会高质量发展,为防范化解地方政府债务风险提供有力支撑,实现经济增长与风险防控的动态平衡。

第一,要进一步落实一揽子地方政府债务化解方案。虽然当前地方政府风险有所缓释,隐性债务无序扩张的势头得到明显遏制,尤其是部分严重的地区逐步以时间换空间,避免了债务集中到期引发的大面积流动性风险;但目前的办法主要是治标、是延缓,而非根治,化解地方政府债务需要完善债务绩效考核激励约束机制,从源头上遏制地方政府经济赶超和盲目举债冲动,将稳增长与防风险统一到政绩考核体系中,严格落实违规举债终身问责、倒查责任。

第二,要加强对地方政府债务的全方位监控,建设全口径债务监测体系。一方面,可以通过加快编制和公布地方政府资产负债表,提高债务管理的透明度和有效性,包括显性债务、隐性债务、城投债,甚至地方政府拖欠企业账款等,从而能够客观评价政府债务风险,有助于健全政府举债市场约束机制;另一方面,需要健全债务信息共享机制,强化跨部门协同监管,应依托财政部隐性债务监测平台,完善常态化融资平台金融债务统计监测机制,建立覆盖地方政府法定债务和隐性债务、融资平台经营性债务的全口径债务管理体系,最终有效评估全口径地方政府债务规模。

第三,要形成可持续的债务积累机制。地方政府债务管理的核心在于实现债务的可持续,关键是转变传统的地方政府债务积累模式,应形成以市场化风险定价为基准、信用配置与提质增效相匹配、债务增长与资产积累较同步的可持续举债机制。减少地方政府对经济金融体系的过度干预,杜绝政府隐性担保,打破刚兑,引导融资平台以市场法人的身份与政府建立新型契约关系,有序打破城投债刚兑信仰和地方财政兜底幻觉,把风险定价和金融资源配置交给市场,让市场发挥决定性作用。

第四,要改革财政体制,构建财政事权与支出责任相匹配的政府间财政关系,从根本上减少地方政府债务融资需求。激励地方政府在完善自我管理的基础上,不断培育地方的经济实力和财源根基,即建立地方经济增长和财政收入增长的联动机制。一方面,可以考虑直接设立新的地方税种,如房地产税等;另一方面,按照税基覆盖面大小、地域性特征是否突出、税源流动性的强弱以及是否容易征收和管理,可以将现行税种中的部分税目进行切割,如可以考虑将增值税和消费税中部分与地方经济关联性较强的税目切割后进行合并,建立新的零售税。